黄连

熟悉的地方有风景（卷二）

李健明 编著

世界图书出版公司
中国出版集团

图书在版编目（CIP）数据

黄连：熟悉的地方有风景. 卷二 / 李健明编著. —广州：世界图书出版广东有限公司，2021.11

ISBN 978-7-5192-8787-0

Ⅰ. ①黄… Ⅱ. ①李… Ⅲ. ①顺德区－地方史 Ⅳ. ①K296.54

中国版本图书馆CIP数据核字（2021）第144962号

黄连：熟悉的地方有风景（卷二）

HUANGLIAN：SHUXI DE DIFANG YOU FENGJING（JUAN ER）

编 著 者： 李健明
责任编辑： 程 静
装帧设计： 友间文化
责任技编： 刘上锦
出版发行： 世界图书出版有限公司 世界图书出版广东有限公司
地 址： 广州市海珠区新港西路大江冲25号
邮 编： 510300
电 话： 020-84453623 84184026
网 址： http://www.gdst.com.cn
邮 箱： wpc_gdst@163.com
经 销： 各地新华书店
印 刷： 广州市迪桦彩印有限公司
开 本： 787mm×1 092mm 1/16
印 张： 15
字 数： 305千字
版 次： 2021年11月第1版 2021年11月第1次印刷
国际书号： ISBN 978-7-5192-8787-0
定 价： 68.00 元

咨询、投稿：020-84451258 gdstchj@126.com

黄连——熟悉的地方有风景

卷二

编委会

前 言

一

认识顺德的历史或许可从勒流黄连开始。

唐末，黄巢起义点燃的烽火烧到广州城。当时的顺德一带幸亏有河汊相阻，没有直接被波及，但散落各处的北方军士已驻扎此处。他们以号角呜呜聚集设摊，交换买卖。谁想这一鸣角设摊的古风流传未灭，经千年递送，号鸣渐化作江边卖鱼摊贩招揽顾客的水乡号声，黄连也因此成为顺德为数不多的隐藏唐朝遗风的古村。

宋末，江西大儒谢枋得晚年重新修订了《千家诗》这本流传千古的启蒙诗集，宋末名将梁起归隐杏坛逢简后让儿子跟随谢枋得学习，默默接续中原文化脉络与内在精神，让深知历史底蕴的后人细读《千家诗》时倍感亲切。梁起的孙子梁宗玉娶黄连人关敏小妹为

妻，后迁居黄连，为黄连北头梁姓始迁祖。因此，其坊道闸门头上书“汴梁衍派”，清晰地道出家族的来龙去脉。

明初，盗匪横行，黄连人关敏、张仲贤率兵平之。关敏阵亡，全家惨遭屠杀。朝廷设立“忠义乡”以表彰其功德。此时，顺德尚未建县，但它已裹挟着厚重的历史尘烟来到世人面前。

二

明清时期，黄连因水上交通枢纽的地理优势渐成顺德内河地区的中心。每天，往来的船只与满载的货物和四方客商推动着这片水乡从农耕岁月走向水运时代，日复一日，从未停息。日久天长，黄连人更扬帆远去，书写出从净美的水乡到成为人们舒心的安居处，创造出从农商并重到士农工商齐头并进的产业历史，孕育出灵动而别致的水乡商业文明。

热闹而忙碌的丝绸业、晒莨业、中医中药业、金融业、饮食业运转不停。黄连人以周到、妥帖的服务抚慰着踏埠而来的客商、农户、挑夫、官员，催生出满足人们衣食住行的繁杂而精致的产业。浓郁的酒香与不散的酱香汇成这条小村主干道永不消散的气息，爽朗的笑声与噼啪不停的算盘声成为这条主干道的主旋律，造就出此处一年四季的货如轮

净美的水乡成为人们舒心的安居处

从明朝开始，两头石狮子就守护着古老的埠头和往来的乡民

转、百业兴旺。清朝诗人温汝骧的“村前酒熟榴花放，渡口人归麦饭香”或许是当时最传神的写照。其中的繁华与热闹，埠头的两头明朝石狮子或能娓娓道来。

长久的经济繁盛让黄连人拥有至今仍令人津津乐道的商业自豪，让长久沉浮商海的他们锤炼出顽强、乐观、豁达、外向的性格与广阔胸襟，以及开眼望洋、山登绝顶的深远目光和宏大气魄。

三

静静伫立的巨大明朝石碑是黄连文化的另一种隐喻。傅容这位权倾一时的秉笔太监一生事迹影影绰绰。梳理出其人生轨迹后，我们还原出一位明朝沉着稳健、干净正直的历史人物形象。于是，我们开始明白，低调做事、不事张扬、进退有据、沉着乐观、闻谤不辩的性格，从这片散发着明朝气息的土地开始，默默延续，历代传承。明朝的何鳌、清朝的梁兆榜、民国的何启澧，一直到当代的张介，他们吸纳着源自历史深处的隐隐古风，不露圭角、谦朴自抑、俯身做事、低调为人、不求闻达，一直沉到大地深处，化作护花春泥，育出满园春色。他们虽淡泊无求，但对家族的付出、故土的奉献、家乡的投入、国家的贡献铭刻在乡人心里，流传在后辈口中，记录在诗文碑刻上，成为后人不断前行与超越前贤的精神力量。

四

黄连这片土地融合着两种看似相悖的性格：商人与实干家的杯酒纵横、意气风发；文化人与行政者的锦衣夜行、沉稳低调。两种性格的两类人群时而并行，时而相融。

人们可以从一位黄连人身上同时触摸到顺德农民的质朴、水乡商人的机敏、岭南儒生的博学，还有隐隐的军人的刚烈。四者融合，妙不可言，成为解读黄连人文化性格的一道门径，也折射出商业文明渗透进古老水乡后对谦朴、谨慎的传统性格的有力冲击，以及二者在不同时代与形势下的博弈与折中，更可看到他们在和而不同的并进中最终形成的刚柔并进、进中含退，还有谦朴中的隐隐自信、自信中又偶尔闪动的淡泊名利的独特文化性格。

正是带着这种农耕时代、商业岁月和现代社会锤炼出来的多元文化性格，黄连人得以最终形成独有的兼容并包、进退有据、先谋后动、进退有度的处世哲学和人生信条。于此，方可解释黄连清末民初的繁华鼎盛与当代的顺势敏为、敢为人先。

五

随着资料的积累与梳理的深入，黄连的水陆繁华与当今乡村振兴背后的文化逻辑渐次展现。于是，此书的脉络与细节也逐渐呈现眼前。

感谢黄连居委会给予笔者这个探究与梳理黄连古镇的难得机缘，引得笔者走进每条小巷，躬身捡起散落各处的文化金屑，双手掬捧，轻轻投进历史锦囊中，日积月累，集腋成裘，裒辑整理，梳理成册，缓缓写成一份质朴而又内容丰富的阅读文本。

目录

第一章 地理行政

第二章 家族历史

CONTENTS
目录

目录

CONTENTS

第一章 地理行政

四面环水、地处顺德中心区域的黄连扮演着农耕时代顺德水上交通枢纽的角色。它也在数百年的积累中发展为货运四方、百物荟萃的水乡集市，催生出一个深具经济与文化辐射力的水乡重镇。

第一节　水上交通枢纽

水上交通枢纽造就了黄连繁盛的经济。精明、勤奋的黄连人更将家乡建设成农耕时代繁华的商业重地。

一

黄连地处广东省佛山市顺德区勒流镇东北部，面积3.65平方千米。东、北连接北江水系的顺德水道；西通西江水系的甘竹河；南出南海区沙头，再转入甘竹与南海九江、新会融汇，缓缓达至广州、梧州；北经乐从、北滘、陈村等水域抵达广州。

流畅通达的丰沛水系，让黄连人撑一叶小舟就可内达各镇街乡村，外抵省城区县，酣畅淋漓，进退自如，日久天长，形成回环融通、张弛有度的水乡文化气质。

幽静的水乡

经济的发展令乡民安居乐业

二

大良新滘为昔日顺德重要入海口，是进入顺德县城门户的要冲。外敌若突破新滘口，便可经伦教直抵大良城北。

为固守新滘，昔日政府在县城十里外置伦教汛，又在十五里外置黄连汛，构成三洪奇、新滘、叠石、黄连紧密相连的严密防线，紧锁羊额、伦教，连接叠石、黄连，令外敌无法深入县内，更难以深入各镇。黄连历来也因此成为军事要地。

黄连平时舟楫往来、贸易繁盛；战时兵民合一、文武张弛。这一独特商贸地位与战略价值，日积月累，令黄连人逐渐磨砺出文武兼备、商贾皆能的才能。黄连人在历代牵动全县的战役中运筹帷幄、远交近攻、同心协力、妙破强敌，形成生死深交、血脉相融的独有情感，其中的动人故事可歌可泣。

清末，张保仔窜入黄连岸边，诸村严密防守，自筑土台。人们在叠石村以铁索横陈五百余丈，阻止敌军登岸。伦教熹涌炮台击中敌军旗舰，重创敌军，令其一时难以恢复元气，附近诸村得以免去困扰，县城以东也得以保存。此次战役，三洪奇、叠石、黄连互为呼应，自成险要，令敌军无从下手。在此次战役中，黄连人李珍宝、何松光和中山人钟阿妹等人壮烈牺牲。清嘉庆二十一年（1816），人们建立乡祠纪念他们。

黄连人的英勇，让这片土地洋溢着一股绵密细腻却清刚俊朗的独特气息。

三

地处水网地带枢纽的黄连融合西江、北江，以及广州、佛山等地，深受外省、省城、县城主流文化与繁盛中外贸易的影响，形成高屋建瓴的主流文化格局与深宏博远的大商业视野。而千百年来黄连与“质而弦歌，亦有智能”的勒流堡；“俗杂农商，士亦有之，今屯民合”的江村堡；“俗皆简朴务教，惟大晚间出工作，上村贩籴，中下村读书称盛”的羊额堡；“其俗秀雅，农商杂焉，旧多入山冶贴为业，尽责群事商贾”的伦教堡；“俗最俭朴，称谨厚者”的新良堡等地交错融合，形成简朴、谨厚、务实、机敏的乡风。

四

黄连人在日久天长的生产、劳作、交易中锤炼出敏锐的市场触觉、深刻的人生认识、透彻的生命价值理解和不懈的文化教育追求。黄连人对乡村建设不遗余力的参与，形成务本节用、不甘人后的淳朴乡风，尤其是从苍草碧树中可以看出乡村营造者的内心期许。曾参加科举的秀

密集的水网令黄连成为水上交通枢纽

苍草碧树反映乡村营造者的用心

才、举人、进士也参与到商业运作、文化营造、乡村发展中，凭借登高望远的视角、高端丰富的资源和因力生财的经营，将家乡独有的地理环境优势发挥得淋漓尽致，更快速、高效地寻找、吸纳、消化、创新各种资源的价值，形成“族多衣冠，为商贾舟楫之辏”的商贸重地。这为黄连在此后几百年呈现出不断上升的经济走势并取得引人注目的文化艺术成就铺上了一层厚厚的地域与人文底色。

第二节　乡村历史与名称来源

村名的探究将黄连的历史追溯到遥远的唐朝。

相传黄连开村于唐朝。

明末清初的广东学者屈大均（1630—1696）在《广东新语》中说：“顺德之容奇、桂洲、黄连村。吹角卖鱼。予诗‘吹角卖鱼人，拾灯求子客’。其北水、古粉、龙渚、马齐村，则吹角卖肉。相传黄巢屯兵其地。军中为市，以吹角号召。此其遗风云。”

古老的门环成为族人最熟悉的家族标志

明朝顺德诗人孙蕡也有相似的诗歌：“江口赛神夜吹角，村边卖鱼朝打鼓。”

879年，黄巢攻占广州。其士兵分布各处，吹角为号，形成临时集市，交易买卖，互通有无，呜呜角声，远近得闻。古时军队吹角以告示昏明来临，其声高亢凄厉，令人耳闻心伤。吹角风俗散落民间后，日久天长，成为人们生活、劳作、买卖、祭祀的必备元素。因此，我们能从这来自中原军队的角声中追寻千年前黄连开村历史的蛛丝马迹。

“黄连”名称的来源有多种说法。相传此处原为一片海滩，滩上有小丘7座，人称“七星岗”；后冲积为滩涂，状若莲花，人称“莲地”或“莲溪”；后因黄姓居民渐多，改称“黄连”。

此外，人们相传此处原有“黄”“连”两姓家族繁衍生息，人们合两姓成村名，故称“黄连”。

明朝开始编修的《广东通志》称此处昔日为“南海黄连”。

何种为正，暂难考究。

第三节　水陆交通通信

清朝以来，黄连成为连接顺德各镇和其他市镇、省城的重要渡口。

一、水上交通

《顺德县志》（清咸丰、民国合订本）记载，从黄连到各处的津渡不少。

从大良到香山（今中山市）的长水渡经勒流、容奇、桂洲顺路在黄连搭客，经龙山等地到达香山。

从江村下属乡村到东莞石龙的长水渡，经龙江到黄连缓缓远行。7个长水渡口中黄连占了2个。

从江村下属乡村到三水县西南的长水渡，由黄连出发，直抵西南，为4个到达西南的长水渡口之一。

从江村下属乡村到番禺市桥的2个长水渡口，黄连占1个。

从江村下属乡村到黄连的长水渡有1个专门渡口，即终点渡口。

从黄连到番禺市桥有长水渡1艘。

从黄连到大良有长水渡1艘。

从都宁堡到甘竹堡则从陈村经三洲，顺搭黄连旅客，经勒流到甘竹堡。

古老的船栓，不知目睹过多少往来的行人与舟船

此外，黄连还有到北滘马村、黄涌的长水渡。黄连更有横水义渡，搭载贫苦无资者往来两岸。

“日落湖平西河渡，趁圩人作雁行归。”

黄连作为重要中转站，内接各村，外连各县，实为水上交通枢纽。

二、公路与桥梁

1947年，黄连至容奇总长21千米的水陆通道设立。从此，两个区域的经济来往更为密切。黄连更是通过容奇港口接通与香港的广阔市场，为其输入源源不断的国际货物与商业信息。

1958年8月，横贯黄连河南北的大木桥落成，人称“黄连大桥”。1985年，全长4.5千米的勒连公路以水泥铺成，彻底改变黄连泥路历史。1990年，黄连的水泥公路横跨江义乡，更为本地经济发展打开通道。

三、邮局与通话站

1913年6月11日，在黄连圩设黄连三等乙级邮局，有局长1人、信差1人、邮差2人。1947年，在黄连圩中市13号设黄连通话站，构成顺德早期的电话通信重要节点。

1952年，顺德县设立邮局，下辖黄连、勒流、陈村、乐从、杏坛、容奇6个邮局。

邮局与电话局的设立，不仅折射出黄连重要的经济地位，更为其后来的迅速发展奠定信息与技术基础。

第四节　建制沿革

从黄连在历代建制过程中名称的变化，可知其不同时期的经济地位。

据《顺德县志》（清咸丰、民国合订本）记载，黄连“为勒流以下诸堡必由之道，故商贾、市集久而益旺”；明朝则有“黄连圩”的名称。

明景泰三年（1452）后，黄连与扶闾、谭义、周易、龙村和黄麻涌等村隶属马宁巡检黄连堡，人口稠密，烟户万家。

清光绪十年（1884）至民国年间，黄连隶属第六区。

1940年，日本侵略军撤出大良，顺德县政府迁回县境内，在大良佩岗龙萧祖祠设立临时办事处，继迁勒流黄连，设秘书科、第一科、第二科、情报组、特务组，后缩编为秘书科、军事科，编制共24人。

1942年，县境再度沦陷，县政府重迁鹤山县玉桥乡，在黄连设办事处代行职权。

中华人民共和国成立后，黄连、谭义、黄麻涌、扶闾、稔海合称“连闾乡”。

1950年，黄连改称“连闾乡”。

1952年，在黄连区域内设连溪镇、连闾乡（含扶闾）。

1954年，在黄连区域内设连溪镇、黄连乡。

1958年10月，黄连设连溪镇、黄连大队。

1953年粤中区党校第三期顺德组学员合影（黄连居委会供图）

1959年，连溪镇改称“黄连镇”。

1961年5月，黄连设小公社，下辖黄连、连北、连南、连溪、扶间、见龙、稔海、麻江、谭义9个大队。

1963年1月，黄连设黄连镇、黄连大队。

1983年11月，黄连设黄连镇、黄连乡。

1987—1989年，黄连乡改称“黄连村”。

1988年8月，黄连镇改称“黄连办事处”。

1989—1992年，黄连村改称“黄连管理区办

20世纪50年代黄连镇居民冯汉持与家人（吴晓丹供图）

黄连旧照片（1957），中间相片最中间者是黄连第一批大学生之一吴裕航（吴晓丹供图）

事处”。

1992年8月，黄连办事处与黄连管理区办事处合并，称“黄连管理区”。

1999—2002年，黄连管理区改称“黄连街道”。

2002年至今，黄连街道改称“黄连社区”。

第五节　教育与乡间文化

一个乡村遍地是私塾、学校，可知此处文化积淀的深厚与人们对教育的倾尽全力。

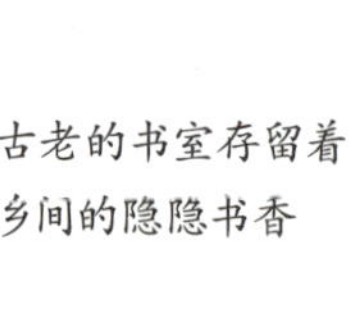

古老的书室存留着乡间的隐隐书香

一、教育设施

（一）明清时期的社学、学堂、文社

名　称	所在地	兴建（办）年代	备　注
连鳌社学	黄　连	明嘉靖年间（1522—1566）	创建于元至元二十三年（1286），为元、明、清三朝官立乡村启蒙教育机构，课程为识字与伦理，多设于文庙附近
义斋社学	黄　连	清康熙年间（1662—1722）	
忠义小学堂	黄　连	清光绪三十三年（1907）	朝廷在清光绪二十九年（1903）颁行《奏定学堂章程》，规定初等小学学制五年、高等小学学制四年。黄连开始设立小学堂
张氏家族小学堂	大祠内（本族）	清光绪三十三年（1907）	
何氏家族小学堂	大祠内（本族）	清光绪三十三年（1907）	

（二）1912—1931年的学校

校　名	校　址	校长姓名	班级数	教职员工人数		学生数		经费/元	
				男	女	男	女	岁入	岁出
区立第四小学	黄连澳心街	张敬驰	3	7		78	20	3380	3440
私立敬止小学	黄连中市	何隆章	5	8	2	96	44	5000	4880
私立达观小学	黄连保安	龚毅伯	2	5		82		852	950
私立仲明初小	黄连金陵	龚仲明	1	7		44	16	456	462
私立正德小学	黄连五桥	廖绰云	1	6		62	4	530	560
崇德学校	黄连中市		1						

（三）1931—1949年的学校

校　名	校　址	创办人（或校长）	备　注
雪圃学校	鸡鸭巷	何隆章（字雪圃）	专收世家子弟。1948年向县政府申请设立初中学校。1951年，与沧江、达观、世泽学校合并，成为黄连乡办第一小学，黄民泽任校长
雪圃小学（民众部即二分校）	澳心街（雪圃纪念堂内）	刘潞德	当初为纪念丈夫何隆章而建纪念堂，后成为专收贫穷子弟的学校
宏基学校	澳心街	何绍锟	原宏基学校球场，现为冯光顥敬老院
承海学校	澳心街	梁承海	
沧江学校	西市敦乎里	何鑑球	后并入黄连乡办第一小学
文兆学校	涌　口	张裕声	
第十三保国民小学	北　头	梁自重	当时有学生130—140人
光华小学	林云祠	林均甫	

（四）中华人民共和国成立后的教育设施

中华人民共和国成立后，黄连有黄连小学和黄连镇小学。1951年，黄连乡办第一小学成立，黄民泽任校长。

黄连初级中学如今已成为珍贵的地方教育历史名片

1968年，黄连曾办有一届一个2年制初中班，学生约60人，约30人坚持学习，最终毕业。20世纪70年代末，黄连曾设有1个高中班。

1981年，旅日华侨周潮宗先生、旅港乡亲何福祥先生等捐资，黄连工业供销公司、黄连中药厂、黄连纸箱

梁季彝纪念学校

棉织厂、黄连建华厂等单位赞助共13万元，合力兴办黄连初级中学。学校占地面积1667平方米，建筑面积1584平方米，有2座各3层教学楼。前座教学楼有教室4间、办公室1间、会议室1间；后座教学楼有教室5间、展览室1间。2012年秋，黄连初级中学外迁，中学历史终结。

1985年，旅港乡亲梁定邦、梁定谋兄弟捐资港币361万元建成梁季彝纪念学校（小学）、梁季彝纪念中学（2016年，改建为梁季彝纪念幼儿园）。旅日华侨周富祺捐建周富祺纪念运动场。

二、黄连工农文化室、文艺宣传队、各组织与其他活动

（一）黄连工农文化室

1974年，黄连工农文化室成立，由原黄连镇与黄连大队合并组成，黄连镇副镇长关庆锭为总负责人，黄连大队梁建中、何铭轩负责日常工作。资金筹措由乡、镇及黄连各工厂企业赞助，黄连邮电局陈光汉负责出纳。

黄连工农文化室是当时顺德唯一领有县民政局颁发的社团登记证书的社会机构，历年来积极开展各项文化体育活动，如迎春花会、灯谜晚会、象棋公开赛、杂技表演、五桡龙舟赛，以及集邮、书法、盆景、电影、粤剧、音乐、曲艺等。其中青年集邮协会长年举办专题集邮展览。1987年，黄连集邮积极分子梁豪远赴北京，出席全国邮联举办的集邮先

进集体、先进个人表彰大会。

长期以来，黄连工农文化室开展体育、曲艺、象棋、书画、灯谜、集邮、盆景活动，各类骨干多达百人。周潮宗纪念图书馆为周姓旅日乡亲赞助兴建的2层建筑，在顺德县图书馆支持下成立，是当时全县乡级独一无二的图书馆，归黄连工农文化室管理。该馆藏书过万册，初始为黄连每名中学生发放一张借书证，社会各界读者逾千人，为提高年轻人的文化素质、凝聚村民精神、繁荣乡村文艺起到一定的促进作用。黄连工农文化室1988年获“广东省先进文化室”称号，1990年获评“顺德县文化阵地先进单位”，并获顺德县邮电局、集邮协会所颁“集邮先进集体”称号，1991年被评为“佛山市群众文化工作先进单位”，1992年被评为“顺德市青少年教育工作先进单位”“顺德市体育先进单位”（顺德于1992年撤县设市，2002年并入佛山市，设立佛山市顺德区），后获广东省邮协青少年集邮大赛铜牌、勒流镇国庆篮球赛第一名、勒流镇春节篮球邀请赛第一名等荣誉。

（二）黄连文艺宣传队

拥有自学成材、经验丰富的粤剧音乐演奏乐手10人、业余演员16人，均来自乡镇各单位。他们利用晚上休息时间排练节目，除引入节目外，还创作广东音乐、舞蹈、小话剧、小粤剧。其中，由梁建中编剧、汤伟亮谱曲的小粤剧《翻工》参加1986年全县文艺汇演获金奖，剧本获文艺创作唯一金奖。黄连文艺宣传队多次代表勒流公社参加全县文艺汇演，均获前三名；黄连文艺宣传队平时除在黄连演出外，还应邀到外地演出，如在容奇工人文化宫当地售票连演3个晚上，晚晚满座。

2000年后，黄连文艺宣传队改组为黄连曲艺协会，在社区的支持下有专用的排练场地，长年与各镇曲艺协会互相交流演出，成为顺德曲艺协会中有水平、历史久、长盛不衰的群众组织。黄连文艺宣传队培养青少年新人卓有成效，如当年才9岁的邱倩文参加顺德曲艺比赛，以一曲《荔枝颂》获奖；她参加佛山祖庙万福台演出，大获好评。另一位童声演员莫倩文后成为广东省曲艺团演员。

黄连文艺宣传队（黄连曲艺协会）历年都获得县、镇文化工作年终总结评比先进，被树立为农村文化工作的先进典型。近40年来，它丰富了人们的乡村文化生活，促进了乡风民风发展，影响深远。

附：

黄连文艺宣传队老队员们聚会

现场没有隆重的仪式，大家很随意地围坐在一张可容纳30多人就餐的大圆桌前。

“欢迎大家回来，我们又能在一起相聚了。”活动主持人关庆锭介绍，黄连文艺宣传队成立于1974年，他曾连续担任队长33年。“如今没有这个队名了，当年的队员也从事不同行业，在不同地域居住。多数队员已经退休，在家把持家务，抱孙取乐；有的退而不休，仍然在不同岗位为社会奉献余热。”

一直以来，关庆锭对粤曲情有独钟，退休后没有放弃对曲艺事业的热爱和追求。他曾受聘担任顺德区爱国拥军促进会艺术团副团长。他与曲艺界人士一道开展送戏下乡、送戏到企业、送戏进军营活动，受到广大观众好评。2018年，年逾七旬的他还返聘担任黄连居委会侨务办公室副主任，继续发挥光和热。作为顺德区爱国拥军促进会直属分会副会长，他积极和退伍老兵一起，发挥所长，力所能及地做好老兵服务工作，用歌声、真情传播社会正能量。

时年70多岁的梁建中，虽腿脚不大灵便，但早早就来到活动现场。说起芳华岁月，他难掩喜悦之情。他说，当年生活条件很差，但黄连文艺宣传队给他带来无穷的乐趣。他自编自导的粤剧《翻工》由关庆锭、邹燕裘主演，当年参加在顺德县人民礼堂举行的文艺汇演，获得“金凤奖”金奖。1982年，他作为黄连工农文化室主任，代表黄连镇（乡）到广州友谊剧院参加全省农村文化工作大会，并作为先进单位代表发言，介绍农村文化工作经验。“那个时代，黄连集邮协会工作也做得很好，还被评为‘全国集邮先进集体’。”1993年，梁建中被农业部评为100名“农民学科学用科学标兵”之一。其中，他编写的《泥塘养鳗实用技术一百个》被杂志连载。如今，尽管退休20多年，他仍积极参加有关摄影活动和博客写作。“当年黄连文艺宣传队的生活、经历给我的创作带来丰富的素材。”他说，“一起在黄连文艺宣传队共事的队友，虽年事已高，但其中不少人至今仍活跃在文化艺术战线上。”

作为曾经的广州知青，邹燕裘有先后参加惠阳文艺轻骑队、黄连文艺宣传队的经历。作为当年的文艺骨干，她虽已退休多年，仍保持对舞蹈的热爱，常活跃于舞林中，曾多次获得全国舞蹈赛事和广东省内舞蹈比赛多个第一、第二名。她说：“我因为热爱舞蹈，所以乐在其中，永远保持活力。”

顺德区档案局（馆）局长叶卉时是黄连人，当天也应邀参加活动。他说，他7岁的时候就参加讲故事节目演出，如今看到黄连文艺宣传队历年活动的相片，那活跃的身影和当年宣传队创作的剧本等都具有收藏价值。他说：“如果能够把这些资料、照片收集起来，作为档案供群众了解，是一件十分有意义的事情。”

当天还有老队员专门从广州、澳门等地赶回来参加活动。他们纷纷表示，队友们难得欢聚一堂，回忆芳华，意义深远。

（此文根据杜达雄文字修改）

（三）其他各类组织和活动

1. 篮球队

黄连的篮球活动有一定群众基础。黄连雄鹰篮球队在中华人民共和国成立初期即已成立，20世纪50年代曾赴广州文化公园竞技赛艺。他们自发利用业余时间修建有梯级式石板座位的标准型灯光球场。黄连各企业都有自己的篮球队，最多时共有11支队伍参加黄连工农文化室举办的国庆比赛，也邀请外地球队来黄连交流。颇负盛名的均安女篮就曾来黄连举行友谊赛。

2. 集邮协会

现任会长何建森。黄连广泛的民间集邮活动始于20世纪50年代，

“文化大革命”后成立集邮协会，并将集邮活动推广到中小学校。黄连工农文化室订制40个镜框专门用于集邮展览。1987年，梁豪代表广东省唯一的农村集邮协会赴北京出席全国邮联举办的表彰大会，载誉而归，成黄连美谈。

3. 乒乓球协会

现任会长何耀泉。黄连广泛开展乒乓球活动，各单位都设有乒乓球台供群众使用。乒乓球赛成为黄连节日比赛和活动的常设项目。

4. 书法协会

现任会长廖望成。黄连自古文风旺盛，书法活动扎根民间。20世纪80年代初，勒流先有黄连书法协会，后有勒流书法研究会。蔡任平、麦志熊、张锦池、梁建中、廖望成、陈耀等人的书法作品曾随勒流书法研究会赴北京展览。蔡任平是顺德著名书法家。张锦池曾任勒流书法研究会秘书长。梁建中曾任勒流书法研究会名誉会长和顺德作家协会名誉主席。关庆锭曾任勒流书法研究会常务副会长。廖望成在顺德专门设馆授徒，致力于教授中小学生书法。钟丽珍为广东省书法家协会会员，2021年与女儿张健仪在黄连画家艺术村合办“怡然赏珍”书画展。

黄连书法协会举办过多次大型展览，还曾与勒流书画界人士合作，在黄连举办勒流镇书画精品收藏展览。

5. 灯谜协会

现任会长赖剑辉。黄连灯谜活动和创作始于20世纪50年代，平时积累创作，节日活动则设档娱众。因内容新颖而吸引广大灯谜爱好者积极参与。

6. 象棋协会

现任会长李建华。象棋也是黄连群众爱好的活动。协会设有能悬挂的大棋盘，节日比赛，先各对垒，前三名即以大棋盘公开唱步决胜雌雄。陈耀久居黄连棋坛盟主，艺高可盲捉而胜人，颇负威名。

7. 盆景协会

现任会长阮艺刚。黄连乃文化之乡，群众文艺爱好广泛。石山盆景散落于各个爱好者家中，其中不乏佳品。黄连盆景协会发动爱好者参与盆景展览，自此成为节日的一项活动。

8. 龙舟队

黄连自古传下7只龙舟，并配备七彩剌绣旗幡罗伞，中华人民共和国成立前由各村保管，潜埋涌底。“文化大革命”结束后，黄连人振奋乡民精神，率先尽起沉龙，举办不限地域参加的龙舟通天埠比赛，锣惊八面，号震四乡，自始成为每年端午节少不了的大型群众娱乐活动，为改革开放初顺德县首次举办通天埠龙船比赛提供了宝贵的经验。后来，顺德县男、女龙舟队在赴香港参加国际龙舟赛前，都先在黄连集训，听取黄连龙舟人的参赛经验。他们不负国人所望，夺冠而归，并多年稳居首位，名振五湖，誉满四海。黄连龙舟人为此做出了重要贡献。

9. 8.75毫米电影放映队

由于黄连工农文化室历年成绩显著，成为顺德县文化局示范点，上级专门调拨一台8.75毫米电影放映机给黄连工农文化室。何铭轩参加顺德县电影站放映培训，后与梁建中一起负责放映，成立8.75毫米电影放映队，每个周末都安排影片放映，直到县电影站结束。黄连小机电影在当年成为群众喜爱的一个常规文化娱乐项目，令群众印象深刻。

（四）社会影响

1978年，梁建中出席在开平县召开的“文化大革命”后第一个省文化工作会议。

1980年起连续数年，佛山军分区与黄连结对为“军民共建文明乡”，为促进黄连文明建设起到了一定的作用。

1982年，梁建中作为代表出席在广州友谊剧院召开的全省文化工作会议，并在大会上发言，介绍农村文化工作经验。黄连工农文化室同时被评为“广东省农村文化工作先进单位”。

黄连文艺宣传队自1974年成立，继之黄连工农文化室成立，前后40年，均由关庆锭主持。他因为黄连文化所做出的突出贡献获“佛山市文化宣传先进工作者”称号。梁建中获“顺德市精神文明建设特别贡献奖”。多年为黄连工农文化室与黄连文艺宣传队默默工作、不求名利的何铭轩后调任建华电子厂副厂长，为当地工业建设作出重要贡献。

第六节 卫生医疗

卫生医疗机构的设置可体现黄连的社会现代化程度。

一、清朝至民国时期

清光绪十年（1884），黄连开设康济义院，地处西市。清光绪二十年（1894），开设寿仁善堂，也地处西市。1925年，香港同胞集资兴建乐善善社，专门施医赠药，救困治病。

仓沮圣庙左侧的“奖善堂”一直为乡民施粥送饭，提供酱醋，善堂建筑如今仍存。

清道光十六年（1836），杜惠卿在黄连悬壶坐诊，这是黄连乡第一所中医诊所。清光绪三十一年（1905），陈凤巢开设疮科，专治疑难杂症。

此外，直到抗战前，黄连有众多从清朝一直存留的中药店铺，如生生堂、永和堂、同远堂、回春堂、百福堂、利生堂、永生堂、存心堂、华天宝药行等，为民众生活健康提供专业保障。

二、合并融汇时期（1955—1963）

1955年，黄连成立保生联合诊所，黄佩兰担任负责人，员工18人，其中中医3人、西医1人、助产士8人、护理1人、药剂师4人，其他1人。同年，黄连成立保和联合诊所，何捷生为负责人，员工2人，专营牙科。1958年5月1日，两者并为黄连联合诊所。

1958年7月1日，黄连联合诊所与勒流联合诊所合并为顺德县大晚乡勒流医院。1962年7月1日，黄连成立黄连人民公社卫生院。当时有西医1名、中医1名、助产士3名、牙科医生1名、药剂士3名、护士2名、防疫人员1名、会计1名、勤杂1名。1963年，黄连人民公社卫生院与勒流人民公社卫生院合并。

此外，1951—1953年，连间乡医学联谊会举办共3期护训班，专门培训乡村基层初级卫生人员。黄佩兰、温道安、方少儒、何鸿宾、何捷生、龚继夫为教学人员。1958年，黄连设立红专卫生技术学校，轮训医务人员，强化政治学习，培训出一批保健员、接生员、保育员、食堂卫生管理员，为本地卫生健康奠定人才基础。

乡人熟悉的黄连办事处医务所

第二章 家族历史

黄连乡民祖先大多来自中原，如今仍有何、梁、张、关、龚、萧氏等家族。他们在这片土地生息、劳作、奋进，体味和享受着辛劳后的甘甜与美好。

第一节 何氏

何氏始祖为江苏徐州人，因避乱而迁居广东南雄。南宋咸淳年间（1265—1274），何氏再迁顺德、南海、番禺一带。何氏后人何德光，人称“贵十郎”，生子9人，其中五郎何延德从都斛迁居黄连，人称“何黄五”“朝奉大夫”，为黄连始迁祖，夫人为梁氏。

一直以来，何氏以农为业，后读书入仕，渐成大族。

何氏九世祖为禘福公，号桂庭。他认为其支脉一直以务农为生，默默无闻，自其始要光大门庭，于是种两桂树于庭中，以“桂庭”为号。其父说：“庭前栽树莫栽花。”何禘福说：“我取子孙攀丹桂深意，后世必能折桂踏鳌。”

何氏源于江苏徐州，宋末迁到黄连

何褅福之言果然应验，何氏后世人才辈出。宋末元初，何道祐曾受封“显宁侯”。明朝有举人何昌、何会；明正德二年（1507）有举人何宏；明正德三年（1508）有进士何鳌；明嘉靖年间有举人何嵩，进士何翺（何鳌之弟）、何思赞（何鳌之子）。何鳌、何翺兄弟，何翺儿子何思赞三人得中进士，世称“一门三杰”。民国时期有曾任广东省建设厅厅长的何启澧、现代著名画家何磊。

第二节　梁氏

梁氏源自河南开封，元朝迁往黄连。

黄连梁氏源于隐居杏坛逢简的梁起。梁起为河南汴梁（今开封）人，举人出身，曾任岭南招讨使、中顺大夫、三省经略大臣，督办闽楚粤军务。

宋末，梁起与马南宝、黎德聚兵马20万欲力挽狂澜，可惜世颓势逆，损兵折将。后梁起隐居杏坛逢简，不再出仕。

元朝，其孙梁宗玉娶黄连关敏小妹为妻，迁居黄连，为黄连北头梁氏始迁祖。如今，北头坊门楼上书曰“汴梁衍派”，实为梁氏源于河南汴梁的渊源明证。

梁全，字伯谦，号野泉，其祖父梁佑，为元朝广东宣慰司、都元帅；其父亲梁仁隐，为福建佥都御史，深喜德庆山川美景，设家悦城。

梁全好学勤敏，通《礼记》，文武俱佳，最得祖风。元至正十五年（1354）举乡荐，任悦城本路同知。他为政以淳风厚俗、兴教化民为主。郡县屡受匪徒侵扰，梁全晓谕民众，协力抗敌，匪徒闻风自退。自此，城宁民安，恢复平静。后迁武州（今河北张家口一带）同知，再迁太平路（今广西崇左一带）同知，封“敦武校尉”。他有一首存世诗歌《六湖塘见春雁》：“蘼芜绿长香簇簇，双雁忘机相对浴。东风何事不归飞，应念江南春草绿。燕山密雪正茫茫，况有桃花水满塘。毕竟不如归去好，楚云湘雨是他乡。”

“汴梁”二字记录着梁氏族人源自河南的历史

梁兆榜于清乾隆十二年（1747）中举，十六年（1751）中进士，后为庶吉士。曾出任河北盐山（今沧州）县令。他一心为民，为民众驱散蝗虫。梁兆榜清正无私，仁德待民，深得民众赞许。

第三节　张氏

张氏源自河北邢台清河县，宋末自新会迁往黄连。

张才胜为定居新会的张 十四世孙，南宋咸淳至祥兴年间（1265—1279）迁至黄连，为黄连始迁祖。其长子张俊孙，生子仲贤。张仲贤（1333—1382）官至指挥使。行素公张馀，产业极多，时号“张半村”。六世祖竹窗公迁涌口开族。

十一世祖张汝鳌，妻子为周易坊萧文明之女。一次兵乱，萧氏被匪徒斩去手臂，失血过多去世。人们深感其平生“孝惠柔顺，性格俭朴”，痛惜其无妄人祸，每遇其忌日，村中父老都亲做祭祀，人称“大军祭”。此俗流传至今。

张氏后代清润公妻子黄氏为粤西人士。当年岁荒，黄氏被辗转卖到黄连，在清乾隆五十年（1785）入张家。生平俭朴，对儿子与诸兄弟一视同仁，正室去世后，代持家政，“菲食薄衣，耕桑畜牧，不避辛劳，致令家道不中落”，深获乡民称颂。

“业繇谦屐”遥指张良与黄石公的著名故事，也反映出此处为张氏聚族处

按县志载，明清两朝，张氏出进士1人、举人4人，恩贡、岁贡各1人。族人曾建张氏小宗祠。如今黄连张氏聚居地东坊仍存“清河直街”街名。清河指河北邢台清河县，为隋唐两朝名门望族，曾走出担任唐朝宰相的张文瓘、张锡叔侄。族人一直以清河为郡望，引以为豪。族人相传，张氏远祖为汉相张良、唐相张九龄，涌口闸门石匾仍有“业繇谦屐”四字，遥指张良曾为黄石公拾鞋，得兵书和黄石公指点，为一代名相的典故。

第四节　关氏

关氏源自新会，宋末迁往黄连。

关氏五世祖关汝明，号良臣，宋朝时因金兵南下，从冈州（今新会）迁到如今伦教熹涌，后葬于伦教三洲。其子文义为南宋咸淳年间（1265—1274）进士，户部郎中，居熹涌霞石荔村上直。关氏八世祖与子公是黄连始迁祖，字衍拔，号粤南，为奉直大夫，宋末由广西厢里迁居黄连乡芳榆里。他生于南宋咸淳八年（1272），卒于元至正六年（1346）。关氏一族中，关敏为元末明初抗击匪寇的勇士。关朝兴为明成化十九年（1483）举人，后任湖南永兴知县。

另一种说法是关氏始祖为关肇冶，字景器，原为福建邵武建宁县高梁人，为宋乾德年间（963—968）进士，开宝七年（974）为左春坊学士奉政大夫，后任职冈州，为官6年，政绩显著。关肇冶二兄长随他南来广东，长兄肇基定居南海九江，二兄肇裘卜定居顺德黄连。如今人称黄连关氏聚居处为“关地”。

第五节　龚氏

龚氏来自广东南雄，宋末迁往黄连。

龚氏本为南雄珠玑巷人，始太祖为应运公，字遂圣（胜）。南宋咸淳元年（1265）举家南迁广州，龚氏兄弟5人分居各处。长子宗德公择居黄连。宗德公生子4人，散居黄连的基头、基尾坊、新桥坊、墟心坊等处。明朝部分分支从黄连迁居小榄、罗涌等地。黄连龚氏建有龚家大祠——龚以达祖祠，清咸丰四年（1854）重修，现仅存书楼。清末，龚朝俟任钟祥县（今湖北钟祥县）知县，龚朝伟任南陵县（今安徽南陵县）知县。龚佩瑜曾为中国女子篮球国家队队员，为电影《女篮5号》角色原型之一。

龚以达祖祠

萧氏族人聚居地

第六节　萧氏

萧氏源自江西吉州，明初迁往黄连。

萧氏族人，源远流长，汉朝萧何，名望勋隆；唐宋两朝，八代为相。宋末纷乱，族人从江西徙粤。南宋咸淳九年（1273）再从南雄珠玑巷迁往新会天河乡。元初，南迁始祖萧南兴次子萧天兴迁顺德黄连。明初，萧南兴三子萧天锡的后裔萧明斋从新会携次子萧乐善在黄连新涌坊（现萧地村）开族。萧明斋为萧地村始祖，明洪武年间（1368—1398）获敕，封“昭毅武德将军”。其后裔萧建勋于明万历元年（1573）中举，任四川忠州知州。萧氏后代萧光渐于明崇祯六年（1633）中举。清康熙年间（1662—1722），萧南兴长子萧天承的十四世孙萧恩莲从新会天河迁居顺德黄连。萧恩莲为该支系始祖。萧氏族人为供奉先祖建有猫公祠、梅庄祠、竹隐祠等3间祖祠。

第七节　其他姓氏

黄连地处水陆交通要冲，人们迁居其中，定居繁衍，数百年来，发展出众多家族。

除以上人口较多的姓氏外，黄连还有高、陈、罗、周、徐等众多家族。

近千年来，黄连乡民和睦相处、合力并进、种桑养蚕、缫丝织布、坐贾行商、开基立业，形成烟户万家、桑田遍野、农兴商盛、弦歌不辍的农商重地。如今，陈地巷、罗地巷、萧地大街、罗家祠、周家祠、徐

蚝壳墙伴随乡民走过宁静的岁月

家祠散落各处。“兰陵通津”告诉人们萧氏来自山东临沂，“陇西巷”则记录关姓源自陕西。这些看似不经意的地名，如璀璨星辉，映照着这片深邃的历史夜空。

20世纪90年代，黄连共有姓氏91个：何、梁、张、吴、廖、卢、陈、黄、龚、伍、李、冯、周、罗、关、刘、阮、邓、萧、林、马、谢、蔡、彭、杨、黎、麦、庞、郭、曾、曹、潘、叶、欧、郑、谭、孔、钟、苏、龙、余、胡、莫、董、杜、汤、劳、赖、岑、康、傅、邱、严、易、邝、石、温、秦、朱、陆、老、谈、连、游、翁、简、万、魏、王、施、甄、陶、吕、甘、朝、程、梅、焦、钱、韦、欧阳、毛、雷、雀、袁、盛、邹、俞、冼、任、司徒。

2018年，黄连有姓氏40多个，详见下表 。

黄连各姓人口统计（2018年）

序号	姓氏	人数	序号	姓氏	人数	序号	姓氏	人数
1	何	1819	16	罗	129	31	郑	38
2	梁	1171	17	伍	104	32	莫	32
3	张	740	18	马	86	33	苏	31
4	吴	375	19	阮	85	34	霍	31
5	廖	364	20	洪	83	35	郭	29
6	萧	339	21	邓	79	36	庞	28
7	关	304	22	黎	76	37	钟	27
8	卢	260	23	孔	71	38	欧	26
9	黄	224	24	曾	71	39	曹	24
10	龚	221	25	麦	58	40	彭	23
11	陈	199	26	谢	52	41	陆	23
12	林	171	27	潘	51	42	龙	20
13	周	170	28	康	47	43	李	18
14	冯	168	29	蔡	41	44	胡	16
15	刘	167	30	叶	40			

第三章 经济

明朝后期，随着国际市场的渐次打开，丝绸业成为撬动黄连经济大门的一个支点。清朝，随着通商口岸的开放，黄连更因丝绸业而衍生出各种产业。这些产业和谐共生，资源互补，催生出一个百业兴旺的农商重镇。

第一节　黄连的崛起

从渡头摆卖到农贸集散地，再到圩市，黄连经过几百年的积淀，发展成农耕时代典型的贸易小镇。

一、形成顺德圩市

顺德各村彼此水网交错、物产互补、往来无隔，日久天长，数村间地理便利处渐渐形成晨早汇聚、晌午渐散、百物荟萃、各尽所能的乡间圩市。人们约定俗成地定期摆卖交易，岁月渐深，形成各种圩市。

这些圩市经过几百年发展，最终成为城市、城镇、乡村、农户间重要的农商融通接驳点，发展为农耕时代交易流通中心，加速物流，融通信息，更推动乡村几百年间缓缓朝着现代化方向发展。

每天，河面上往来商船首尾相接。人们搬谷、运货、谈价、买卖，呈现出一派热火朝天的景象。“结缆排鱼网，连樯并米船”可谓当时真实场景。

人们往来水陆，经埠头构成大小圩市

二、发展贸易集散地

江村的渔桑业、勒流的农贸业、羊额的丝绸业，以及周边民众所需农副产品的购买，均依赖以黄连为核心的水陆交通枢纽。黄连构成互通有无的乡村基层市场，为周围村落提供各种商品与服务，推动黄连农商贸易中心地位的发展。种桑养蚕的黄连成为四乡八邻的村民前来进行蚕桑交易的重要场所。

人们从种桑养蚕开始，发展各种圩市

由于清朝黄连人口激增，人们正好将富余的劳动力投入到需要大量人手的种桑养蚕的劳作中，解决人口繁多所带来的生存压力。但扩大产业规模需要投入大量的资金，这令村民望而却步；同时，蚕桑业深受病虫害的影响与市场价格波动的冲击。于是，人们不得不寻找和借助各种渠道增加桑田面积。因此，黄连出现一批金融机构，为农户提供各种借贷。同时，黄连人积极开拓多样化的市场空间。正如宋朝曾巩描述的许多江南小镇那样，“茶盐蜜纸竹箭木材苇之货，无有纤钜，冶咸尽其身力”。

因此，黄连成为周围乡村各种农副产品的集散地，有效满足乡民的购买需求，推动周围乡村的经济发展。它也逐渐衍生出生产农副产

人们将田间作物运到圩市摆卖，逐渐形成各种经济形态（梁杨开摄）

品、日用品、简单服务等不同产业，形成多元的经济形态。

各种店铺满足着周边乡村民众的生活需求

从圩市的设置中，我们可看到几种类别的经济形态。首先是农副产品。蚕、桑、米、酒、鱼、猪、鸭，反映出自身的产出与外货输入。其次是商业与服务，如山货、竹器、酱料、煤炭、香烟、杂货、丝绸、香云纱、布匹、叉烧、肉类等，可以让本地生产与外来输入的物资最大限度地满足本地与周围民众的各种需求，而外销中国香港、中国澳门及东南亚的叉烧、风炉、丝绸、香云纱，又反映出近代以来对外贸易的兴起，以及外地市场对黄连经济结构潜在而深刻的影响。

手工业是以各种作坊、家庭、店铺为主体的劳作单位。它们密集地分布在乡村各节点，传承着千年以来劳作与生存和商业运作融为一体的模式，如风炉烧制、金银器打造、竹器编制、桨橹与船只制作等，构成乡村活跃且生命力强的经济形态，为不同手工艺者提供了生存、发展的机会。

此外，当铺、按店、押店、钱庄、金铺为个人、作坊、企业的存款、借贷、汇款、典当、周转提供了必不可少的资金来源和周转业务。它们渗透到本地的经济运作中，对黄连区域和周边乡村的个人、家庭、企业和众多经济领域起到了举足轻重的作用。大量积累的资金对黄连经济的快速崛起做出不为人知却意义深远的贡献。

三、商贸繁盛

简易餐馆、便利客店、杂货店错落分布。它们不仅为企业、作坊、个人提供必需的各类服务，且深深嵌入人们的生活、劳作等人生大小事件中。自身也在提供服务的同时不断发展，成为充满活力的店铺。

从“鸡鸭巷”三字可知当时鸡鸭喧闹、人声鼎沸的热闹场景

身处水陆深处却融通各镇的黄连，在几百年商业大潮和圩市经济中跃身而起，更以“黄连圩”名噪一时。如今，黄连仍存留着散发着农桑时代气息的街道名称，如“鸡鸭巷”“康泰晒地”“金鱼巷”“卖纱巷”“当铺街”等，从中可知当时的繁盛。而黄连商会就在张地大巷，当年商贾大户们的纵横捭阖、意气风发可见一斑。

散落各处的店铺、银号，成为黄连重要的经济节点

黄连充分利用自身水网交错的顺德中心区域的独有优势，内与各镇经济交融，外向佛山、广州、梧州进行深具规模的贸易往来，迅速发展为内陆各镇与县城、省城进行深度交流的中介点。它在基层市场与水路交通中心两种功能的叠加下，在火车、客轮出现后，突

飞猛进，发展成为县内引人注目的商贸中心。

从黄连现有文献所呈现的行业中可知，以蚕桑为起点所生发的产业如生丝制造、销售、蚕茧买卖、生丝纺织、香云纱晒制等，经济地位不可小觑。它们是黄连快速积累资本的重要来源。人们借助银号和亲朋的襄助，在扩大再生产中不断进入市场，在风险与机会的博弈中沉浮兴衰，最终大浪淘沙，发展出一批运筹帷幄、积财万贯的经济巨子与产业旗舰。黄连也渐渐成为以丝绸业为主体、以大企业为载体、以各种小型经营店铺为联合体的经营密布的现代乡镇。它在为本乡民众提供生产、生活、发展的机会的同时，也为周边民众提供着各种切实而绵长的可能性与商业灵感，成为引人注目的水乡商业重镇。

此外，散布各处的银号、押店、当铺，主要经营存款、按揭贷款和汇款、典当、抵押等业务。它们与当时的勒流、伦教、大良、佛山、广州的银号、押店、当铺业务往来相通，有力地推动黄连资金信贷业、货物典当抵押向精细化方面发展，成为黄连商人资金流动和开设企业的重要枢纽。

尤其引人注目的是，鸦片战争后，因军费开销巨大，官办当铺利息高企，而民间私押利息略低，周转灵活，经营便利，存取人性化。因此，民间押店、按店大增，为本地货物流转、资金周转发挥着不可低

发达的工商业，造就出黄连近百年重要的经济地位

估的作用。

商业的发展，催生出信息的需求。信息机构的诞生，更反哺与推动着商业的发展。

1913年6月11日，三等乙级邮局设在黄连圩，有局长1人、信差1人、邮差2人。水陆交融，通讯便捷，不断为黄连经济发展提速，更为它抢占市场先机做好了各种技术与信息铺垫。

四. 个体工商业发达

1952年，顺德行政区划调整，黄连圩设为“连溪镇”，成为顺德9个大镇之一，足见当时黄连的经济实力与社会影响之大。

从1955年的《连溪镇私营工业一般情况报告调查表》中可知，当时黄连有车衣业企业29个、丝绵业企业18个、船艇业企业12个。从业人员536人，其中工人124人，以个体经营为主的商业形态完整保存。

此外，纱绸晒制业商号9个，共196人，茧绸晒制业商号9个，共69人，折射出当时晾晒业的兴盛。

1950年，黄连众多家庭都有织丝机。他们将坯布卖给商家换取工钱。当时丝织、纱绸晒制、车衣、丝绵行业共有商号66个，占全连溪镇商号近半，从业人员有352人，占全镇六成。1954年，连溪镇粮食供应人口总数为2778人，可见当时个体工商业发达、人口众多。

第二节 各类产业

一、丝绸业

在一份乐从沙滘陈氏族谱里，一段记载将人们的视野拉进遥远的清朝，勾连出一段丝绸业历史。

族谱记载，十六世祖陈运元，“生值奇贫，躬织天鹅绒，日夜不辍饵糟糠恒不给”，后来在亲友帮助下渐脱贫困。此人生于清乾隆二十一年（1756），卒于清道光四年（1824），可知当时人们除了织制土丝，还制作天鹅绒。

十八世祖陈定朋，“幼业丝绸，尝与竹（陈润怀）乔二公合资经营于勒楼（今勒流），方一年而退，亲年耆老，自设机于敦和里，公与弟共织，兄弟辑睦”，此为清道光至同治年间（1821—1874）事情，也可知此时勒流一带人们已营丝绸业。

陈松发“幼而自业知自立”。见家中族人众多，他奋然曰：“人之所持以谋生者，舍艺能奚所适从也。”“乃毅然寻师学艺，在勒流习织绸五年，毕业历工于桑麻逢简等埠，勤俭惜物，屡为东主器重……十余年食力于外，每作长途负米之举。”可见其立志早、意志坚，也可见当时自谋经营风气的浓厚。勒流在当时确为顺德丝绸业制造中心。

后来，其父亲与人合股30两白银借给他，他与两位堂兄在勒流经营绸业。后因动乱，挂念家人的他便将缫丝企业迁回乡中。

当时沙滘一带尚未有人专门从事丝绸业。陈松发在本乡招收工人，渐开风气，“业传一乡，机业大盛，为开沙滘绸业之祖”。他就是沙滘丝绸业的重要开创人，可见勒流为沙滘丝绸业的重要源头，而一直着力发展丝绸业的黄连就是沙滘丝绸业的重要组成部分。

二、机器缫丝业

自清乾隆二十四年（1759）清政府独留广州作为全国对外贸易通商口岸后，毗邻广州的顺德掀起“弃田筑塘，废稻种桑”的热潮，但因手工缫丝技术落后，所产土丝粗糙，难以进入国际高端市场。

清同治十三年（1874），顺德第一家机械缫丝厂在龙江开办。顺德进入大规模发展丝绸业的早期工业化时代。清光绪十年（1884）起，以足踏缫丝机大量取代手工车缫丝机，顺德丝绸业进入全盛时期。

据1911年的顺德机械缫丝厂统计，当时黄连有丝厂4家：合纶、纶盛、妙纶、裕盛。它们都成立于1898年。可见黄连人的闻风奋起、敢为人先。

合纶建厂资本为4万元，工人651人，其中女工62人，年产生丝525担，产值达48.32万元。纶盛丝厂投资成本为1.8万元，工人382人，其中女工260人，年产生丝356担，年产值33.13万元。妙纶丝厂投资成本为2万元，工人445人，其中女工420人，年产生丝413担，年产值36.64万元。裕盛丝厂投资成本2.4万元，工人547人，其中女工520人，年产生丝563担，年产值50.63万元。

20世纪30年代初，黄连协昌丝厂有女工500人，男工20人，平均日产丝110斤。

人们精心从事缫丝业（图片来源：顺德区档案馆）

据谭自昌先生在《蚕丝改良局见闻》中记述，1935年前后，蚕丝改良局在顺德勒流黄连、顺德勒流大晚、中山小榄、南海官山设4个蚕种制造场，又在顺德容奇、顺德勒流大晚、顺德勒流黄连、中山小榄、南海官山设立5个实施分区。同时，在伦教设立大规模实施区，专营提高土织质量。

黄连生丝所需蚕茧或购于本地茧市，或前往桂洲的永利祥、盛昌仁栈等茧栈购买。所产生丝主要运往广州的丝庄，销往国外。黄连丝与龙江甘竹丝、杏坛丝、葛岸丝、桂洲丝都是顺德出口生丝的著名品牌。

随着机器缫丝业的兴起，家庭手工缫丝业亦有所发展，黄连家庭生丝纺织品日渐出名。

三、丝绵业

明朝，龙江已有丝绵出产。清朝及民国时期，丝绵以黄连、容奇出产最多，龙江、龙山次之。创办于清道光年间（1821—1850）的黄连善记，为黄连丝绵早期生产商铺。善记丝绵为长方形，颜色暗赤红，略欠松透软绵，为旧式丝绵，但仍为乡间民众所喜爱。

20世纪二三十年代，黄连厂家兴昌、祐兴隆、李就记、华强等，仿照浙江湖州样式，制造出色白如雪、松软绵润的“新兴派”丝绵，其状若猪肚，故称“猪肚绵”，也称“大弓绵”。

鼎盛时期，黄连有丝绵制造厂18家，著名者有兴昌、祐兴隆、李就记等，月产量为三四担，其余为1担或以下。工人大多为女工、童工。

民国时期，顺德家庭织机多达2650台，主要分布在伦教、黄连、羊额、沙滘等圩镇。整个黄连丝绵年产约180担，多销往广州、南雄、汕头、高州、雷州等地。

民国时期，人们通过黄连埠头将丝织品运往四方

1936年，广东省建设厅蚕丝改良局因黄连及周边乡村为顺德最大的丝绵生产区域，在黄连附近设立改良丝绵合作社，凡附近乡民均可入社，改良局直接派遣人员指导改良方法。据《黄连史料》介绍，“以后很长一段时间，几为各家女子谋生的手段之一——开绵”，而黄连作为勒流最早出现开绵产业的区域，一直引人注目。

据《顺德县志》记载：“1951年，容奇的丝厂为发展丝绵生产，聘请黄连的制绵师傅到容奇指导，开始生产大弓绵。”

1956年，黄连丝绵厂成立。1959年2月，黄连丝绵厂与勒流丝绵厂合并；4月，分设两厂。1960年，富裕村轻木厂迁到黄连，其中一家丝绵厂专营轻木制造；1961年8月，丝绵厂再度恢复丝绵生产。

四、茧绸业

民国时期以来，勒流、黄连、伦教以生产茧绸为主。据《顺德县志》记载：“其中以黄连生产的最著名，该地从事织造茧绸的人多，产量大，工艺熟，产品质量优于各地。”

此为茧纱密织，以薯莨染制，韧绵结实，远销国内及南洋。《顺德县续志》（民国十八年刊本）记载：“云纱、点梅纱、纺绸、绉纱、茧绸、水结布，以上各物，伦教、羊额、北海、黄连、勒流及逢简等乡织造最多，运往省外各埠，销场甚大。”

《黄连史话》记载：“1934年，省建设厅设立丝业改良实施区于黄连后，主事人乃将原有织造原料，改用大号织绸机织造一种改良茧绸，不用晒染薯莨而其品质更可媲美山东绸。织户为谋大量出产。其间，发动组织改良茧绸生产合作社，推广织造。”

抗战前，黄连茧绸业达到高峰，每年输出大批茧绸。乡间女子日夜制作茧绸，次日一早到圩市销售，当时每疋茧绸可达4元。这一时期一位工人的月收入约20元，可供一家5口开销。当时逢每月二、五、八日的圩日，茧绸交易产值高达30000元。抗战后，茧绸交易一落千丈，每次圩期交易额仅达几百元。

抗战时期，陈村沦陷，一批纱绸企业内迁黄连，茧绸业仍断断续续发展，传承着珍贵的丝绸织造技术。1946年，黄连茧绸仍是顺德最著名丝织品。《顺德县志》载：“每个织户有蚕茧机1—3台，共150台。”

五、晒莨业

19世纪90年代，伦教一带丝绸庄将生丝收购后，经晒莨加工制作成香云纱，销往上海、北京、天津。民国时期，顺德晒莨业进入鼎盛时期。当时顺德共有晒莨工场500多家，主要分布在陈村一带，工人达1万多人，日产莨纱绸4000多米，远销国内大城市和东南亚。

民国初年，黄连只有几家晒地。抗战时期，陈村遭毁，大批企业远迁黄连、伦教、沙滘，黄连内迁的晒莨企业迎来了香云纱持续不断的生产高峰。虽四处烽火不断，但深具资金与产业经验的经营商号苦心经营，满足着最低的生活需求与产业延续，更保存着古老的晒莨技术。在龙村，一片名为“飞机场”的大草地成为黄连香云纱晒制发源地。当时黄连最大的晒地达上百作（“作”是乡间布匹度量单位，“一作”为40匹），小者也有三五作。黄连村从事布匹行业者多达千人，他们互通有无，融合资源，形成繁盛和充满活力的晒莨产业。人们将晒出的香云纱运往南洋、印度，国内则远输上海、天津、北京等地。

当年从事晒莨工作的黄连人关绵回忆道：“当时一件香云纱要港币40元，与一般工人月工资相近，价格不菲，令人却步，却为黄连积累了大量资金。”

据黄连晒莨老人回忆，20世纪40年代，黄连有何超记、关策记、何发记、何敬记、利记、陈兆记、何生记、关柒记等晒莨场。关胜仪的父亲关汉曾开设天知汉记晒莨场。关胜仪在20世纪60年代仍从事晒莨工作，他还清晰地记得深滘一带曾晒地满目。

晒莨老工人黎志荣回忆，其叔开设恒和晒莨场，专门供货给伦教商铺。丝绸大多来自南海民乐镇，有时也会从浙江引进一些坯纱，但浙江一带的蚕虫大多放养山野，吞噬山中杂树，所吐蚕丝难得精细。人们经过比较，更喜欢选择本地柔软、纤细的生丝。

1951年，顺德共有晒莨工场75家，黄连占32家。同年，黄连成立晒莨纸箱厂。

1956年，黄连、勒流组成3个晒莨生产合作社。此后，随着现代纺织技术的出现和产业的转移，黄连晒莨渐渐淡出产业舞台。

附：

借助缫丝产业 潜心经营人生——记黄连香云纱贸易的佼佼者

这是一个真实的故事。从故事主人公一生的经历中，我们可以感受到黄连缫丝业给普通乡民留下的深刻印象。

清末民初，是黄连丝织业、晒莨业的黄金岁月。晒地和买卖香云纱的商号比肩而立，琳琅满目。精明的脑袋、独到的眼光、不懈的努力，往往令普通乡民成为富甲一方的巨商或叱咤风云的人物。黄连人梁伯虽非举足轻重的乡间名人，却在市场锤炼中成为香云纱贸易中的佼佼者。

出生于清末的梁伯，其父为民间大厨，乡间或相邻村镇的社戏、神诞等大型活动常由他出任主厨。他因未入职酒楼，收入极不稳定，加上儿女众多，每天都为家计而疲于奔命。即便如此，他仍勉力送梁伯入读私塾。因而，梁伯练得一手飘逸劲健的魏碑体书法。

梁伯父母共生育儿女14人，食指浩繁，生活拮据无措，梁伯13岁便到乡公馆打杂。平时，除日常的斟茶递水、清洁、伺奉乡绅外，在乡绅晚间外出应酬娱乐时，梁伯便负责手提灯笼，前行引路。一丝不苟、谦恭质朴的他深得乡绅信赖与欣赏。

乡公馆是当地上层人物来往密集的场所，乡绅常相聚议事，信息丰富，启迪不断。斟茶递水、擦台扫地虽烦琐累人，却磨炼出梁伯坚韧的意志与敏锐的市场眼光。

不久，一位经营香云纱买卖的老板看中手脚勤快、踏实肯干和反应敏捷的梁伯，于是带他进入缫丝业经营领域。梁伯从此专注、勤勉、谦虚、谨慎，不计得失、公而忘私，深得商界前辈等赞赏。他更精进奋发，积财渐富。

后来，梁伯自立门户，开立商铺。平时，他仔细研究村中每个家庭出品的茧绸质量，对香云纱晒地和老板人品了如指掌，常登门进货，以保证货品质量上乘、价格合理。

他还练就一手店铺销售绝技：丈量布匹极快。旁人眼光完全跟不上他手中尺子的量度速度，且不差毫厘，令人叹服。于是店铺声名鹊起，宾客盈门。

抗战期间，广州沦陷，梁伯深知广州缺乏生活用品，于是雇用草艇在晚上往广州贩运香云纱。那是冒着生命危险的营生，如遇日军，必有杀身之祸，但广州高于顺德3倍的利润令他无法抗拒。梁伯艰难经营，创下一份家业。

曾入读私塾的他从未认为“女子无才便是德”，相反，对女儿一视同仁，送女儿入学堂。生活拮据无措时，他曾流泪变卖衣服，为子女交学费。

20世纪60年代初，梁伯因病赴香港就医。痊愈后，他受雇于一位顺德籍老板的公司。踏实忠诚的梁伯一直工作到80岁才返回黄连定居。

细细算来，梁伯从当年做杂工到开办香云纱店铺，一直到香港打工，劳作近70年。其中的辛苦，无言可说，却折射出香云纱产业繁盛时期磨砺出来的那种独有的勤奋、坚忍、乐观、上进，以及成功时谨慎谦和、沉浮时淡定从容的人文精神。

晚年，梁伯回乡定居，静静品味人生的淡泊时光

水乡黄连，如梁伯那样深耕故土、潜心缫丝业者众多。他们默默支撑起这片产业，也拓展着人生与家族的道路。

六、打缆铺

1945年前后，黄连曾有一间打缆铺。这就是位于龙村由北头人梁茂辉开设的家庭制缆作坊。开始时，由梁茂辉夫妻和儿子梁三根、梁七根共同劳作，渐见起色时有乡人梁昌、何腾、张荣等加盟，主产由竹篾、麻、棕为原料的各种规格缆绳。当时生产工具和生产资料匮乏，而该铺的产品适合船家、艇家系船使用，以及养鱼人的罾缆及家庭各式劳作工具材料，因而远近求索，供不应求。

中华人民共和国成立后，打缆铺迁往勒流继续经营。“公私合营”时，该铺并入勒流竹器社继续生产缆绳，以满足市场不同需求。其时，往来于勒流与广州的红星轮上的缆绳就采用勒流竹器社的产品。尼龙缆绳、钢丝缆绳大量涌现后，竹篾缆绳等制品淡出人们视野。勒流竹器社由于业务发展而分为五金、钢窗灯具两家厂。后来，梁三根的儿子梁显潮已届退休年龄；梁七根的儿子梁显富则在钢窗灯具厂工作一段时间后辞职创业。

“黄连打缆铺”已成为历史名词，而梁氏三代人的先后坚守，让它成为黄连近代手工业的一个记忆符号。

七、圩市布局

民国年间（1912—1949），黄连圩市结构经过数百年的不断调适渐渐成型。沿忠义围南岸堤围一路直行的圩市长约1200米，地面全由白麻石铺成，圩市平整干净、大气开阔。黄连圩市分为东市、中市、西市三大区域。

东市与黄麻涌接壤，以蚕虫市、桑市和竹器、风炉、木炭、山货、橹桨、造船为主。主要商铺有同心茶楼、怡和饼屋、宏兴竹器山货、合丰炭铺、恒兴山货、大来艇铺、东泰大押、百福长生店、祥福长生店、同福长生店等，主营人们的日常生活与劳作所需物品和饮食供应。

乡间店铺总是散发出浓厚的历史气息

中市以洋货、杂货、故衣买卖、金银打造买卖为主。主要店铺有纶昌茧绸铺、乐天茶楼、鸿安布铺、利昌烟铺、泰和饼铺、唯一洋杂店、慎益铜铁铺、天盛金铺、生生堂等，以及抗战前开设的恒丰米铺，抗战期间开设的泰生米铺和鸿园米铺。

西市以酒米杂货、鱼猪肉类及酱料等为主。主要店铺有民生米机、裕丰酒米店、利昌猪肉店、金钟记茶楼、品南茶楼、品珍饼铺、泰生糕铺、恒聚酱园、泰盛烟铺、公昌烟铺、大成金铺、三记炭铺、祥信杂货店、怡昌大押等。

黄连圩市东、西两端各设东炮楼、西炮楼一座。

一个根据村民自然需求的商业布局逐渐完善，为人们提供妥帖而细致的服务。

第三节　从字祖庙看黄连清末经济

一、捐款企业247家

清光绪元年（1875）冬天，仓沮圣庙（又称“字祖庙”）大功告成。人们在恭贺之余，迫不及待地寻找铭刻碑上自己的名字，因为那是他们最引以为豪的一次合乡捐赠。他们都不约而同地去实现一个共同目标：兴教重学，作育英才。

100多年缓缓过去，当年的笑声与鞭炮火药味早已远去，但两块捐款石碑却完好保存，密密麻麻却秀劲工整的文字清晰分明，让我们可顺利回溯出当时黄连经济繁盛的历史。

通过碑文解读，可以统计出当时捐款企业有247家。其中当铺3个，分别是亿昌当、安源当、公和当。3个当铺都是单个企业捐款最多的经济实体，均为14两4钱，可见这应是彼此约定的数目。

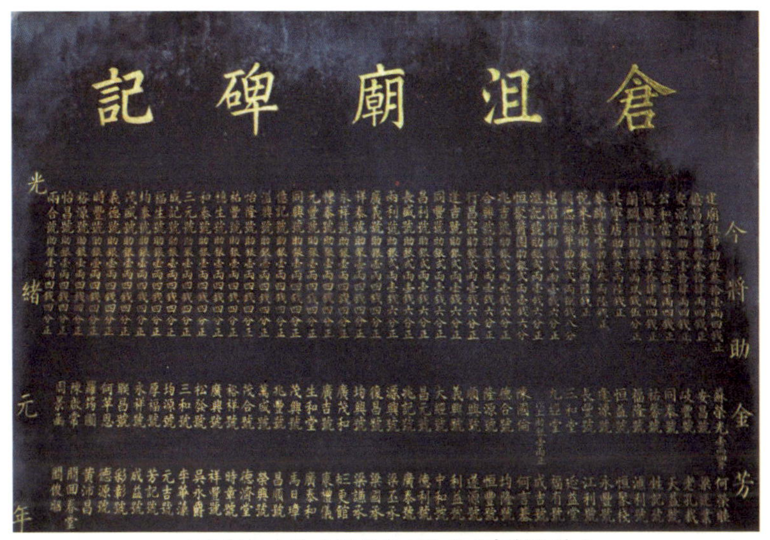

从密密麻麻的店铺名称可见当时商贸的繁盛

参与捐款的企业最多为丝绸店铺，如茧绸行、彩纶号、经纶号、大纶号、安纶号，可旁证清末黄连丝绸业渐入鼎盛。

各类医馆也密布其中，如回春堂、延益堂、德济堂、连生堂、天生堂、杏春堂、德春堂、怡怡堂、裕生堂。

清朝黄连名医渐多。清光绪十六年（1890），杜惠卿在黄连开设中医诊所。清光绪二十五年（1899），顺德最早的西医之一余绮盘在黄连开设西医诊所。清光绪三十一年（1905），陈凤巢开创伤科，专治奇难杂症。清光绪三十四年（1908），黄连中医阮盛祥开创华天宝药行。据统计，1905—1916年，黄连还有生生堂、永和堂、同连堂、百福堂、利生堂、永生堂、存心堂等。

大批诊所的出现和名医坐堂开诊，反映出此处人口有巨大的流动性。来自四面八方的民众因各种原因患病生疾，奇难杂症层出不穷，需各类名医对症下药。同时，对健康需求不断提高的富裕人家不断增加，来源不同的各种药材荟萃其中，反映出黄连水陆枢纽的地位。

行昌窑在众多店铺中并不起眼，却可能成为黄连风炉出现在清朝的重要历史印记。

当时管控东、西、中三市的三市更馆也捐款助建，可见此事的确涉及千家万户。尤其是顺德总埠也参与其中，捐款2两8钱8分，足见黄连渡口在当时顺德的地位。另外，赤堪渡也捐款1大圆（清末民国时期的银元），或许因它与黄连密不可分。

麦绵远堂虽隐身200多家店铺中，却分外引人注目。因香港绵远堂在次年（1876）成立，它与麦绵运堂是名称巧合还是彼此有关，确实有待考证，但顺德人在致力于公益一事上高度一致，不遗余力。

惠胜庵、珍如庵、娥姑等充满女性色彩和独特气息的名字，可知尼姑、自梳女在致力于教育一事上的不甘人后与对乡村文化建设的认知深度。

创建于清咸丰十年（1860）的恒聚酱园以两个店铺的名义捐款：恒聚酱园、恒聚栈。它们分别为生产厂家和销售店铺，可见其蓬勃上升的经济实力与乐善好施的商业品格。

由以上数量众多的捐赠企业中可知，黄连实力雄厚且热心公益的产业集中在丝绸、医疗、渡口、酱料、善堂等。

二、捐款总数约1500两白银

一座字祖庙的筑建，牵动全村247个店铺，既体现出黄连从农耕到

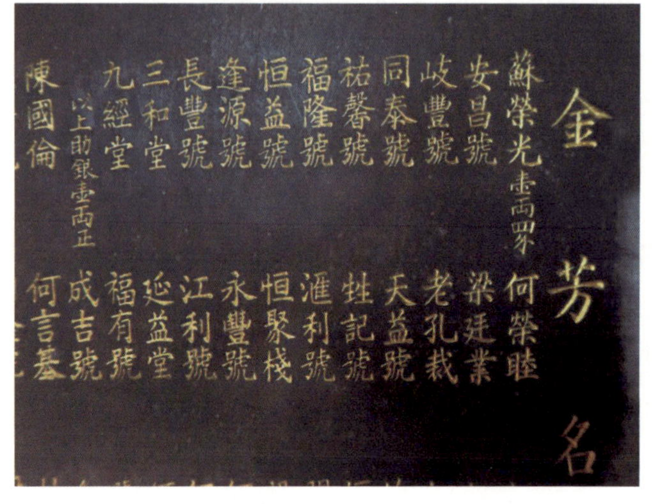

从店铺名称可知各种企业散布黄连

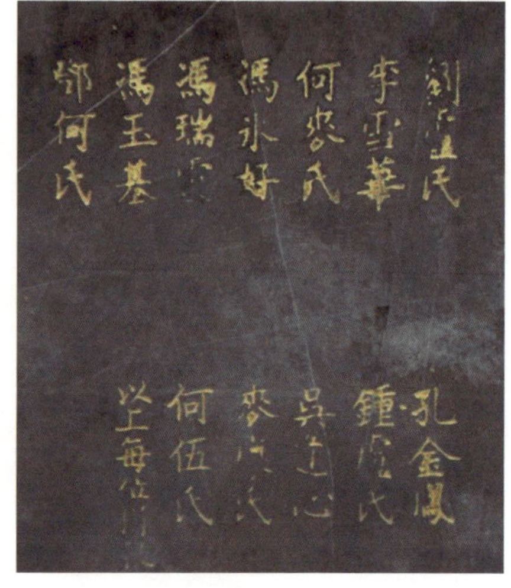

从碑刻中可见当时女性独立而特别的身份

水运，再到农工商并进的经济发展过程，也反映出黄连以手工业、丝绸业、运输业、医药业、服务业、金融业为主体的典型内源型经济结构。与沙滘陈家祠尽是海外巨商色彩的合族捐款、个人动辄捐款2000两白银的不凡气魄不同，黄连经济呈现出典型的农耕时代资金积累性经济特征。全力推动教育事业的乡村共识、不计个人私利而致力于公共事务的现代意识、集腋成裘的快速筹款模式，在这些充满现代经济色彩的集资形式中体现得淋漓尽致。

从捐款的细节中，我们可以看到昔日黄连丰富而充满感情色彩的经济与民生状况。

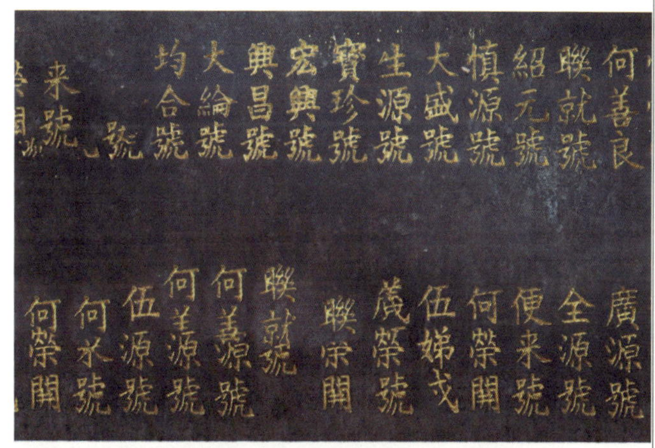

从碑文中可以看到茧绸业商号的身影

在第一块碑记中，创庙值事共捐款31.44两白银。值事共54人，平均每人捐款0.58两白银。

捐款10两的企业有4个，包括上文已述的3个当铺和捐款14.4两的复兴行。

捐款3—5两的企业有5个，分别是茧绸行（4.95两）、其宁店（3.6两）、麦绵远堂（3.6两）、悦来店（3.6两）。

捐款2两以上的企业有12家，1两以上的企业有22家。

捐款1两白银的企业有10家。富户苏荣光捐款1.1两白银，显示其自身不凡的经济实力。而碑刻也将其另起一行作开头，可以想象当年充满人性温情的关怀。

在当时，1两白银可以在北京租用占地半亩或6间房子的四合院。可见，1两白银已非普通价值。

此外，共有37个店铺和39个富户各捐款1银圆。

当时社会流行两种货币：一为白银；二为银两。白银以两、钱、分作为计算单位。据文献记载，清光绪元年（1875），1两白银约可买到170斤大米；1银圆大致可买到88斤大米。因此，1银圆大致折合0.5两白银。

普通民众大多捐款3钱6分，共有574人。当年刚开始流通光绪元宝；当时一个光绪元宝约可以买到大米40斤，这是普通民众都可以捐出的款项。

据清朝《大清会典则例·卷五十一·户部·俸饷》记载，文武官员每年俸银：一品180两，二品155两，三品130两，四品105两，五品80两，六品60两，七品45两，八品40两，正九品33.1两，从九品31.5两。一位七品官一个月纯收入为3.75两白银。京城一般百姓月收入2—3两白银，可见当时黄连民众捐款的含金量。

据当时的货币价值计算，第一块碑石捐款总数折合约450两白银。

我们可从另一篇碑文中去印证黄连民众捐款的价值。

清光绪九年（1883），杏坛昌教新建祖祠碑记，内文清晰列出子孙各级科举名次的奖金：高中举人奖金10两，中解元12两，中进士20两，状元40两。可见1两白银在人们生活和心目中的地位和分量非比寻常。

3个当铺一出手就是14两4钱，相当于2400斤大米，反映出它们不遗余力的支持和周转资金的充裕，以及店铺背后整个黄连经济高效运转的庞大资金量。而数以百计的普通民众、大小店铺锱铢而成的庞大资金，体现出黄连村民对文化与教育的渴望与支持。

三、大家族崭露头角

第二块捐款碑记中，引人注目的是黄连大家族的堂号都被清晰列出，如何敬止堂、慎思堂、张显承堂、昌厚堂、梁追远堂、关旌忠堂、何世泽堂、何其昌堂、罗复初堂、龚永则堂、苏俭恕堂、阮乐昌堂、清和堂、伍积善堂。各族后人纷纷并立共存的家族祠堂认捐，不少人还一人多份，充分折射出清末黄连经济进入鼎盛的关键期，这些家族随时代发展顺势敏为的繁盛与蓬勃，更可见人们的热切与真诚。

更令人关注的是男禄位和女禄位背后丰富的经济与文化信息。禄位为古代乡间为自己添寿增福、减灾去魅的牌位。它们大多供奉在祠堂、

清末，大家族逐渐在黄连崛起

神庙中，与神灵、先祖一起享受人间烟火，但巨额白银却非平民百姓所能支付。

碑文中有21个男禄位，何姓占6人，数量最多。男禄位共捐款420两白银，相当于第一块捐款碑的总数，平均每人捐出20两白银，实力不凡，不言而喻。

更引人注目的是女禄位有47个，数目超出男性1倍有余。其中，出自何家的女性有8人，出自卢家的女性有7人，出自冯家的女性有3人。47位女性每人14两4钱白银共计676.8两，庞大的捐款数量是第一块石碑捐款数目（约450两）的1.5倍，更充分体现出她们背后巨大的经济支持与黄连蓬勃的产业支撑。她们对建设字祖庙的热忱与慷慨，从她们所捐款项中可以清晰地反映出来。而当时女性在家庭、家族、产业、社会中不可忽略的地位与贡献最能引起人们的思考。它为重新理解清末顺德乡村深处的男女社会关系提供了一个便捷且有趣的切入点。

在47位女性当中，何附鸾、卢和兴、张与好、卢月嫦、卢亮昭、李美志、何秀眉、李雪华、冯瑞霞、冯玉基、孔金凤、吴逢心等12位女子是未曾出嫁的女性或挽发独身的自梳女。她们的名字与男性、企业一起单列出现，可以让人进一步解读出经济繁盛时期乡村女性相对独立的身份，以及不可低估的经济实力和话语权。

第二块碑记中，男女合捐款近1100两。两碑合算白银约为1550两，折合如今300多万元，清晰地反映出当时黄连乡民的富裕程度。单个捐款数量既可以体现当时黄连人的热烈与理性、积极与谨慎，又将他们相对宽裕的经济支付能力和参与社会公益的热心展示无遗。

第四节 著名企业与品牌老店

一、恒聚酱园

（一）佐餐妙品 风行远近

恒聚酱园创于清咸丰十年（1860），由石湾镇海口村人、从五品奉直大夫庞逸林（1830—1912）牵头，庞桐楷等4人合股建成，每股白银200两。奉直大夫为清朝从五品文散官，为荣誉性职务。

始创期间，恒聚酱园规模为“五百缸”，专营酱料、豉油、甜醋、腐乳及色酒。酱料有苏梅酱、仁面酱、海鲜酱、辣椒酱；豉油有天顶抽、天抽、顶抽、生抽、老抽、鲜虾抽、珠抽等；还生产添丁甜醋和南乳、腐乳。色酒有青梅酒、柠檬酒、南枣酒、冬柑酒、橙花酒、半枫荷酒等。其中以黑豆、黑枣、黑糯米、何首乌、熟地等7种黑色滋补品制成的“七黑酒”，滋味醇厚，深受欢迎。此外，恒聚酱园出品的“豉油柚皮”，柚皮辛香与豉油咸芳融为一体，味道惊艳。“茶瓜”则晶莹碧绿，清甜爽脆，为佐餐自娱妙品。

在饭店、茶楼、小吃店密集且乡民众多的黄连，恒聚酱园满足了人们对调料与酒水的需求，不断调适人们的生活滋味。从中，可见投资者独到的眼光，也可见黄连这个巨大市场对外来资本的吸引。

随着企业蓬勃发展，恒聚酱园渐设分店。在黄连东市，增设恒聚栈，人称“东栈”；在西尚街设宜昌栈；在勒流当铺巷旁设恒聚新栈；在悦来街设恒聚分栈；在广州惠爱路开设恒珍酱园。几十年间，恒聚酱园香飘远近。

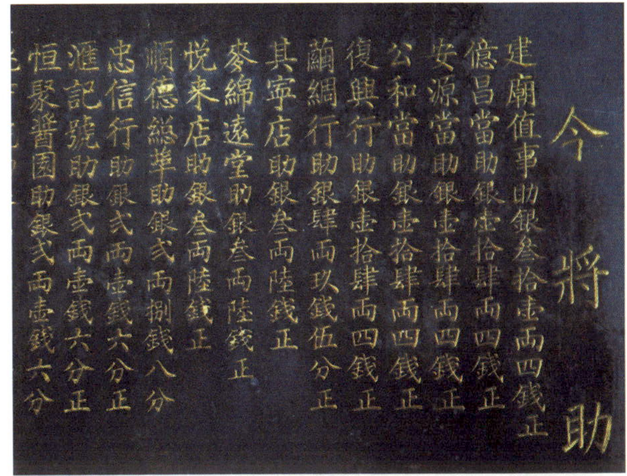

清末，恒聚酱园积极参与字祖庙捐助活动

后来，家在石湾张槎的庞文铜成为恒聚酱园老板。庞文铜当年从张槎带来族人到顺德谋生。这些人大都从事酱料制作业。因手头阔绰，庞文铜娶一妻三妾。他60多岁时娶的最后一位妾年仅16岁。后来，这位妾对儿子们说“你们都是老年子”，意即孕育他们时父亲庞文铜已垂垂老矣。

（二）现代技术　提升品质

1954年，恒聚酱园公私合营，改名为“天良食品厂”。私方代表由庞裕后、林坚泉担任。公方由政府委派何金清担任。食品厂先后将黄连、勒流、龙江等地的“奇和”“自力”等小酱园和兴斋腐乳社并入厂中。1960年后改名为“顺德县国营先锋食品厂”。转制前，先后由罗金洛、张永昌、庞四根担任厂长。庞裕后屡遇坎坷，后终老故乡张槎。其同胞兄弟庞会后一直在中山国营企业“美味思”工作，因技术过硬，深谙祖传秘方精髓，深得同事推崇。退休后，他返回顺德，安度晚年。

1979年后，天良食品厂将现代技术融入古老的酱料制作工艺中，以机械化、蒸汽化、液体输送管道等设施改良企业传统，投资150万元更新车间设备，增设磨浆机、旋转式蒸汽压力锅、卧式离心机、震动筛、旋转式压花机等，摆脱昔日人工洗渣、石头压花等繁重且低效的程序，令日产量大幅增加。

此外，昔日用“瓦缸晒油法”加工酱油，占地广、周期长、产量

天良食品厂职工宿舍里，斑驳的红砖墙存留着当年的蓬勃气息

低，深受天气影响。后来建造的7个封闭式玻璃盖方型池和7个容积为35立方米的储酱油池，采用现代设备，不受外部干扰，月产量从昔日的10000公斤上升到70000公斤。

20世纪90年代，天良食品厂致力于生产民众深爱的柠檬酱、仁面酱、酸甜藠头、野山椒、苏姜、五柳菜。他们研制的冰花梅酱、蚬蚧、甘竹原椒酱、四方瓶腐乳还获得“广东省优秀产品”称号。

此外，他们推出的天然菠萝汁获得广东省“四新产品”一等奖。叶绿素铜钠盐获广东省科学大会奖。香化腐乳荣获轻工业部博览会铜奖以及轻工业科学技术进步奖。

天良食品厂于1993年转制，1997年解散。

二、广东华天宝药厂

（一）建于清朝　妙方正药

清光绪三十四年（1908），黄连老中医阮盛祥取唐朝名篇《滕王阁序》“物华天宝”之意开办“华天宝药行”，祈愿天时、地利、人和荟萃百草药丸之中，治病救人，拯民病痛。他悉心制作止咳丸、发冷丸等中成药，方良效著，风行一时。

1918年，其子阮海川继承药行，专营膏、丹、丸、散各种制剂，最多时品种达48种，著名中成药有特效烂耳散、补肾丸、腊梅油、保婴丹、宁神丸。他深怀慈德，赓续济世情怀，使产品畅销远近，药行成为勒流中药老号。

（二）顺德中医　源远流长

顺德素有研究、制作、销售中成药的传统。1822年，乐从杨滘人马百良在佛山创立马百良药店。凭借精湛的中医知识，他推出一款专治小孩惊风并祛痰的药散。因药量仅为司马秤七厘，人称“七厘散”。七厘散因立竿见影、价低效彰，深受民众欢迎，素称“儿科圣药”。后来，他推出通关散、盐蛇散、回春丹、附桂理中丸、六味地黄丸、熊胆丸、发汗酒等中成药，性温效良，备受关注。后辗转香港，药品在东南亚深获清誉，“北有同仁堂，南有马百良”的嘉誉令其成为华人聚居区域的居家良药。

龙江人张思云早年攻读医学，曾为孙中山的保健医生。他见儿童深受寄生虫祸害，痛楚难支，亲人无措，一家彷徨，于是专心研制驱虫药“鹧鸪菜”。其因除虫去疳，病除神复，用藏便利，便风行一时，为著名国药。勒流大晚人卢乃潼（1849—1927），1913年主持筹办广东中医药专科学校，后为广州中医药大学。陈村人梁培基（1875—1947）发明风行一时的“发冷丸”，医治疟疾，特见奇效，后成立光华医学堂，此校发展为中山医科大学（现为中山大学中山医学院）。顺德近代名医在时代大转折的关键时期，不囿于有，随势奋起，自我革新，从传统的坐诊问病、开方施药到创办实业服务社群，再到搭建出广东中西医高等教育的框架，完成了知识分子从传统书斋走向广阔社会服务大众的重大蜕变，折射出顺德医学人士既能妙手回春，更能心怀天下的历史担当与社会使命，深刻影响着这片土地未来的文化走向与价值取向。诞生于水上交通要道黄连的华天宝药行，100多年来一直探索着一条殊途同归的道路，并将其发扬光大。

水乡深处的顺德，是研究中医，制作、销售中药的重地

（三）公私合营 产销各地

1956年公私合营后，华天宝药行改名为“华天宝药厂”，药品种类不断扩展，推出大蜜丸、丹散、油剂、膏剂等剂型，产值从组建初期的3万多元增加到1961年的150万元，利润高达10万元，产品销售到广西、湖南、湖北、江西、河北、吉林等地。1965年，华天宝药厂曾生产土帆布带和小扁带，1976年停产。“文化大革命”期间易名“勒流中药厂”，由公社接管。尽管私营性质不复存在，但当年阮盛祥独寄深情的“物华天宝”四字与内涵，隐隐成为企业精神的一行文化注脚，为日后的发展打下深厚的传承基础。

当年的作坊式工具（广东华天宝药厂供图）

（四）潜心改革 脱胎换骨

20世纪80年代中期，医药卫生主管部门大力整顿中药制药企业，勒流中药厂因远离市场、体制陈旧、技术落后，深受重创。1985年和1986年连续亏损，企业风雨飘摇，处于破产边缘，职工人心惶惶。

1987年，企业管理层重组。祖籍黄连且深爱中医药事业，拥有副主任中药师职称的厂长，当年临危受命，与拥有中、高级专业技术职称的两位副厂长组成领导班子，带领骨干团队心无旁骛、沉潜砥砺，以振兴中医药事业为任，着手重振这一江河日下的作坊式小厂。

面对企业资金、人才、技术的匮乏，产品定位脱离市场的现实及人心涣散的艰难局面，领导班子发挥沉潜砥砺、化难为易的实业智慧与坚韧精神，走遍大江南北深入调查市场，结交行业管理精英，礼聘中医药名家与工程技术人员，共同参与企业重大决策，同时成立科研机构，培养科技力量，筚路蓝缕。一年多后，企业渐有起色，在上级主管部门支持下，他们大胆引进先进设备，积极推进技术进步，坚守“古方正药、遵古炮制”的原则，将古老医药精华与现代科研融合，悉心研发出品质优良、疗效显著、深受患者欢迎的名优产品。

就在这一年，他们推出“勒流牌龟鹿补肾丸”（大小丸）。产品甫一上市，大受欢迎，当年即获全国首届中成药“健康杯”金杯奖，是全国几百家乡镇企业药厂中唯一获此殊荣者。

当年产品广告纸（广东华天宝药厂供图）

同一年，藿香正气小丸获广东省优质

产品奖。在破产边缘绝地奋起的药厂以企业的良好运作、市场的精心布局、产品的适销对路在1989年获评“省级先进企业”，龟鹿补肾丸获国家级优质产品奖，上清丸获广东省优质产品奖。1990年药厂晋升国家二级计量企业，缩泉丸获广东省优质产品奖。1996年该厂新产品腰痛扶正胶囊获广东省科技进步奖。

（五）突破地域 不断挺进

适销对路、品质优良、剂型先进、服用方便的产品逐渐获得注重身体调养的人们的倚重与推崇。为进一步提升品牌效应，拓展市场，他们向广东省乡镇企业管理局、医药管理局、工商行政管理局、卫生厅等4个省级主管部门申请企业冠名为“广东华天宝药厂”（简称“华天宝”）。几番曲折，终获批准。将华天宝与广东相融合，足可见出华天宝的领导者们突破地域限制、走向更广阔市场的襟怀与目光，以及自我超越、更上一层楼的底气与胆略，更为企业今后再上一个新台阶打下了良好的基础。

成功改名后，该厂的全国独创主打新产品龟鹿补肾口服液又获“仲景杯”国际博览会银奖与全国“良药杯”优秀奖，藿香正气丸获国家优质产品奖，山楂冲剂获广东省优质产品奖。

1991年，华天宝从一家濒临倒闭的作坊式小药厂发展成一家占地面积2.53万平方米、建筑面积1.3万平方米的现代企业。华天宝总投资696万元，职工451人，其中技术人员47人，拥有国产先进设备300台（套），年产大蜜丸384吨、小丸139吨、片剂138吨，年产值3033万元，出口产值223万元，利税271万元，中成药产量800吨，成为顺德最引人注目的中成药生产企业。

（六）品种繁多 品牌出众

此后多年，华天宝开发出大蜜丸、小丸、片剂、口服液、颗粒冲剂、胶囊、散剂、油剂等8个剂型共计150多个品种，其中拳头产品为龟鹿补肾系列产品。优质名牌畅销产品有藿香正气丸、保济丸、腹可安、石斛夜光丸、乌鸡白凤丸、六味地黄丸、维C银翘片、补中益气丸、肠胃保和丸等。

“医能治一病谓之巧，能治百病谓之良”，华天宝正是朝着成为能治百病的一代良医的方向不断锤炼企业实力，扬帆前行。

从1993年起，华天宝成为全国中成药行业与广东省重点中成药厂。1993年9月22日，华天宝在北京国际饭店举行“广东华天宝药厂发展战略咨询会”。会议由广东省药材公司主持。来自中国中医药学会、国家基本药物工作委员会、中华全国中医学会、国家中医药管理局、中国中医科学院、北京中医药大学、《健康报》报社、《中国中医药报》报社等相关部门、单位的专家共20多人参加会议。

远近闻名的品牌企业（广东华天宝药厂供图）

会上，广东华天宝药厂厂长作主题发言，其主旨有三。第一是遵循中医基础理论指导，中医与中成药生产紧密结合，保持和发扬中医药的传统特色，提高药品质量。第二是针对人类疾病谱序的排列，有目的、有计划地开发新产品。第三则是立足国内，面向国际，以服务求效益。从中可见“克己以济民，皆力行而不悔”那古老精神的默默坚守与现代呈现。

（七）改革体制 更上一层楼

在华天宝大门的正前方，人们在龟鹿雕塑及碑记可读到这16个字：“博极医源、精勤不倦、弘扬国粹、济世存仁。”这就是华天宝人的责任与担当。

在深研传统医药、开发现代技术、对接市场需求、融合古今精神的过程中，华天宝一路向前，从未停步，成为当时广东中成药行业和顺德备受瞩目的后起之秀。

1994年，华天宝被国务院发展研究中心授予“中国明星企业”称号；1995年，被商务部授予“中华老字号”称号。

“居高声自远，非是藉秋风”。1994年，华天宝实现总产值超1亿元，创利税超1000万元。

华天宝从传统到现代、从守旧到创新的历史转变备受瞩目。1994年，国家中医药管理局摄制的中华医药企业纪实纪录片《朝阳》中以“再现辉煌”的标题，详尽介绍华天宝的古老历史，描述它对祖国医药事业的贡献。企业发展的历程经电视传播，赢得人们的广泛称颂。

1978—2000年的20多年，几代华天宝人怀着对中医药国粹的深沉热爱，传承、发扬风雨同舟、砥砺前行的实业精神，将一间名不经传、濒临倒闭的小作坊式企业重铸精魂，逐渐发展为拥有8个剂型、150多个国药准字号品种的顺德骨干企业，更以其年产中成药3000吨、产值销售近2亿元的成绩备受瞩目。

多年来，该厂精心研发的名优产品“龟鹿补肾系列药”（口服液、胶囊、大丸、水蜜丸）、“胃肠病系列药”（藿香正气丸、保济丸、腹可安片）、“六味地黄系列药”（六味、知柏、杞菊）及“腰椎痹痛丸”等成为国家基本药物用药和国家中药保护品种，产品畅销全国以及东南亚等地区。“要想身体好，记住华天宝”的企业主题词家喻户晓。

随着改革开放的深入，华天宝日渐壮大，成绩突出。它曾获得国家二级计量企业、省级先进企业、中华老字号、全省最佳效益乡镇企业、“八五”全省医药科技先进企业、佛山市先进单位、顺德市“两个文明”先进集体和高新技术企业等称誉与资质。

在取得可观的社会与经济效益的同时，华天宝致力于反哺家乡，不遗余力，不求回报。企业积极出资在黄连村修建桥梁，资助中小学，更长期资助顺德书法家协会、勒流书法研究会开展各项活动。“苟无济代心，独善亦何益”，华天宝人深谙其理，更践行不怠。

他们融合当代企业自我锻造、贡献社会的内在精神，奔走在路上，从未停息。

2000年完成产权改革成为股份制企业后，华天宝总资产不断增长，最终成功转型为现代中成药制造多元化、规模化、集团化连锁式经营的著名企业。

三、大光电厂及其他企业

抗战胜利后，顺德电力不足，各圩镇仅靠米机茧栈供电。黄连商人张洽基在1949年春独资创建大光电厂，彻底解决部分耕户干塘抽水及600余户人家的照明用电困难，深受人们尊敬。

中华人民共和国成立到改革开放前，黄连镇的工企业中，除地方国营的先锋食品厂，镇属的棉织厂、电话电报局、纸箱厂、制药厂外，还有风炉、标灰、化工、皮革、玻璃、织藤、蕉麻、电子、电池、广绣、织席等行业的企业，并发外加工。

改革开放后，黄连的工业企业主要有新力服装厂、建华电子厂、骏达电子厂、广连鸿交通机械厂、顺安达集装箱厂、富力德车轴厂、松业电器厂和勒流港等。1993年，黄连的工业产值已达6亿元。

四、回春堂药店

（一）迁居黄连经营药店

叶正颜（1912—1985），名圣信，字近仁，号正颜，人称“叶老正”。原籍顺德桂洲，后携其妻卢雅宜及儿女定居黄连，经营药店及行医。

叶正颜出身穷苦，幼年在桂洲读私塾6年，18岁在桂洲一杂货店当佣工，后赴香港谋生，1935年左右返乡，与友人合作开药店。在勒流众涌与当地望族乡绅卢展骥的四女卢雅宜相识相知，1936年共结连理。

卢雅宜（1912—1993），名慧根，号雅宜，为众涌太平坊之大家闺秀。她聪颖勤快，略通文墨，知书识礼，谦和谨朴。因浸润于商家氛围，她精于珠算，善于筹划，19岁即在当地开振坤缝纫店。

婚后，他们在勒流扶闾开设回春堂中药店。日本侵华时期生活艰难，为谋衣食，他们冒险往返沦陷区与非沦陷区之间做小贩买卖，历时5年。1944年迁居黄连，在建设中路90号（中市石狮脚与龚家埠头之间）重设回春堂药店，店面宽约10尺（约3.33米），进深约20尺（约6.67米）。当时黄连圩有生生堂、宝生堂、利生堂、永生堂等数家药店，龚仁溥、龚继夫、何伯齐、龙直生等多名中医师悬壶济世。

其时回春堂对面有泰和饼铺，二人与饼铺老板相熟。卢雅宜从饼铺老板处了解到食糖行情，后买卖获利，足见其颇具商业头脑。1950年他们将多年积蓄用于拆除旧铺，改建为二层半楼房，以适应人口渐增的家庭。改建后，新铺为当时整个圩市最高的楼房。

（二）邀请名医坐诊疗病

这一时期，他们聘请毕业于广东中医药专科学校的何鸿宾大夫坐堂驻诊，并雇南海九江河清村人潘载亨为伙计，雇黄连澳心街妇人冯焕松（人称“焕家”）照看子女。宾主相处融洽，焕家更视其一女为己出，后待此女诸儿女亦同孙儿。

据说，坐堂的何鸿宾大夫是当时勒流唯一科班出身的中医师，德高术精，医名彰著。四乡八邻，求医者络绎不绝，回春堂名播远近。

（三）精通儿科　潜心医道

叶正颜早年曾跟随桂洲名医李若龙修习医术，后勤奋自学，更常得何鸿宾大夫悉心相授，医术渐成。据其子女介绍，叶正颜尤擅儿科，望闻问切，药到病除。卢雅宜负责药店经营、制药配药，对中药性味心得渐深。夫妇二人同心协力，为乡民营造一方心安生命绿荫。

1958年回春堂药店改为公私合营。改造后，叶正颜先后任职于黄连卫生所、稔海卫生所、扶闾卫生所，后至勒流医院。卢雅宜成为公私合营企业职工，先后任职于黄连国药店、江村药店，60年代因病辞职。70年代后期，举家迁至勒流镇宁兴里定居。

叶正颜长子叶春华曾就读于黄连宏基学校，后师从佛山知名老中医陈仲楠。20世纪70年代曾到广州中医学院理论研究班进修学习，并参与《中医大辞典》编纂工作。他一生潜心中医事业，救死扶伤，致力中医教育，曾任顺德中医学会副会长，现已退休多年。叶正颜长孙叶蓁时亦随父叶春华修习医术，砥砺自勉，更上一层楼，后为一代中医。经过几十年发展，叶氏家族渐成医学世家。

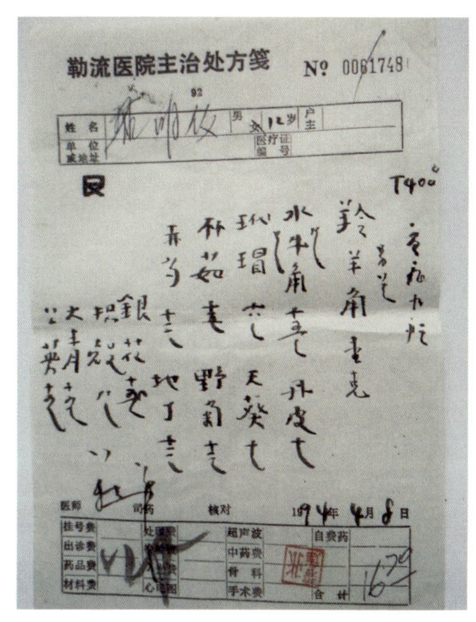
勒流医院主治处方笺 № 0061748

叶春华当年为病人开出的处方（吴建强供图）

第五节 本地物产

黄连的风炉、茧绸、珠黄、三拼烧满足了人们对生火、取暖、衣衫、美食的欲求，成为远近闻名的地方物产。

一、黄连风炉

有关风炉的记载出现在唐朝。陆羽（733—804）在其名作《茶经》中讲：“风炉，以铜铁铸之，如古鼎形。”又说：“其炉，或锻铁为之，或运泥为之。”可见风炉多由铜、铁、泥土制成。

据风炉制作传人卢耀忠介绍，风炉素为顺德寻常人家日常烹调用具，三足两耳，形若古鼎，炉内可置炭火。黄连人以勒流三漕海、稔海或花县泥土作原料，人工削成片，加入老糠、炭粉，和搓为泥，手工制作，一丝不苟，光滑整洁，质朴大方。打成风炉身后，待其硬干，安上炉耳，再开口成炉。晒干后，制作通孔炉底，上黄油，窑火烧12小时，风炉制成。黄连风炉因材料精良、制作讲究、火候准确，故干硬坚实，轻敲有声，铿然若铜；硬物触碰，不见损落；风吹雨淋、潮湿干燥，不裂不散，坚固如常；再加上大小合适，可挡风聚气，省柴旺火热透炉边，火柴轻擦，即可点燃。人们在周围烘干湿物，一品多用，深受欢迎。整个近现代，黄连风炉名声远播。1962年，黄连5家私家风炉铺和勒流的合利风炉店合并为黄连风炉合作社，社长为谭华晃，会计为何庆坤。

昔日每家必备的黄连风炉

二、黄连茧绸

黄连茧绸即丝绸享誉远近。自清朝以来，黄连女子以家作为工作坊，埋头纺织。她们心细手巧、目明思慧，所织茧绸，光净素雅。市场上的茧绸但见“黄连”二字，身价顿增，备受青睐。

三、黄连珠黄

勒流出品的黄豆，饱满圆润，状若珍珠，大小均匀，色鲜味香，人称“珠黄”。经黄连渡口远销两广，名闻远近。

四、黄连三拼烧

三拼烧以猪肝、猪舌、精肉作原料，配以酱油、汾酒、蜜糖，入炉烧焗，润柔甘香，闻者心动。因农耕时代猪肝、猪舌不易常得，人们需隔天预定，方可大快朵颐。黄连三拼烧为农耕时代桌上珍品，名播省港。饕餮们闻香远来，就为一尝三拼烧滋味，黄连也因此名扬远方。

第四章 文物建筑

散落各处的古老建筑是黄连人在历史进程中内心的真实反映。他们用精美的技法、精良的物料和庄重的仪式，来表达自身对先祖的缅怀、自然的敬畏、远方的向往、家园的回归，以及自身的反思与对未来的畅想。祠堂、庙宇、桥梁、石碑、石匾，甚至长长的白石街与高高的闸门口，日久天长，都成为水乡黄连永恒的坐标、古朴的风景和精神的高地。如今，它们已成为黄连乡村振兴的文化资源与踏足其间的人们回归心灵最深处的通道。

第一节 祠堂

祠堂是黄连人寻找根脉、确认身份、自我审视、超越先贤的神圣空间，是昔日黄连人办理乡间大事、处理族中要务的公共区域，更是人们了解黄连历史脉络、家族来源、古老风俗，欣赏建筑艺术与寻求人生感悟的首选场地。

一、藩侯何公祠

俗称“藩侯祠”，位于黄连澳心街18号。始建于明正德年间（1506—1521），清朝多次重修。20世纪90年代和2018年两次重修。

祠堂坐北向南，面阔三间，11.2米；三进深，39.9米。龙舟脊灰塑，“人”字封火山墙，青砖石脚，沉雄朴拙，仍存明风。

藩侯何公祠如今成为展示祠堂构建的展览馆

“藩侯祠”的“藩”源自昔日历代封建王朝属国地域或分封土地，意指边防重镇。“藩侯”则指诸侯或藩王。究其原因，或许因黄连何氏先祖何道祐在宋末赵昰进入福州后捐资助饷，招募丁勇，备战抗击，后封“显灵侯”。后人为纪念这位先祖，以此为堂号。

二、澳心何氏先祠

位于黄连澳心街8号，坐南向北，清朝风格，仅存头门。面阔12.8米，进深两间。柁墩刻“甘露寺”等传统故事，墙眉绘有“王子晋登仙”“郑家诗婢”等人物、山水壁画。

澳心何氏先祠

三、南圃何公祠

位于黄连拱桥大道，为黄连何姓祠堂。清朝建筑，20世纪末重修。坐西向东，三间两进，带左路；面阔11.6米，进深两进，17.66米。龙舟脊，灰塑狮子，“人”字封火山墙。素胎瓦当，滴水剪边，青砖墙，麻石脚，朴雅沉实，具典型的清朝风格。

古朴的南圃何公祠

四、翰林家庙

位于黄连北头公益大厅，为梁氏祠堂，清后期风格，坐西向东，三间两进。麻石门额上阳刻“翰林家庙”4个楷书大字，柁墩状若雄

乡间带有行政色彩的古老机构

狮，沉雄朴茂。“翰林”二字应源于梁氏族人、清朝翰林梁兆榜。

五、静叟梁公祠

位于黄连北头致远直街，祀奉梁姓五世祖祖实公。始建于明成化十九年（1483），历代重修。坐西向东，面阔三间。原为三进，后仅存头门、中堂及后堂前天井。祠堂墙为蚝壳墙，保存良好，昔日民间祠堂用料与制作确实精巧。该祠堂为顺德历史久远的祠堂。砖石多用红砂岩、咸水石，可见从明朝到清早期连接不断的建筑历史，梁架则保持了清朝中期风格。2011年，梁氏族人集资将祠堂重修。

静叟梁公祠

六、澳心小祠堂

何黄五公居黄连，在乱世中隐德不仕，业儒传家。九世祖禘福生于元至正年间（1341—1368），雅不欲仕。时值颠沛流离，他沉潜自励，免祸乱世。他奉母周旋于危难中，恪尽孝道。进入明朝后，天下安定，他入编为民，自修道德，不求闻达，生子5人，植桂庭中，勉力诸子刻苦自励，耕读传家。此后子孙发奋，多人在科举中金榜题名，出仕为官，渐成大族。后何鳌等人合议筑建小宗祠，众人捐款，在澳心择地筑建，为澳心小祠堂。

七、何氏始祖祠

何鳌倡建始祖祠，未就而卒。明嘉靖二十年（1541）户部主事何俊、兵库主事何翾相叹后代无专祠可拜祭，后倡议合众筹款，族人得闻，踊跃捐款，得200余金建祠。始于明嘉靖二十年（1541）冬十二月，落成于明嘉靖二十一年（1542）冬十月。于是，冬至日全族得以按次序拜祭先祖。

八、关敏祠

关敏去世之后，朝廷特令设祠祭祀。明嘉靖十四年（1535），朝廷赐“忠臣”匾额，万历二十七年（1599）赐“岭海忠义”和“忠义流芳”匾额。乡民春秋拜祭，成为乡中重要纪念场所。20世纪60年代仍存。

修饰一新的龚以达祖祠

九、龚以达祖祠

龚以达祖祠位于字祖庙大街。根据

严整大雅的关地公益厅　古朴的祠堂散布各处

族谱记载，重修于清咸丰四年（1854）。2015年重修。

十、其他祠堂

黄连各处仍散落着不同家族的祠堂，如地处基尾直街1号的基尾何公祠、关地华光路1号的关地公益厅、升平北大街3号的东碧梁公祠、关地大马路33号的见田祖祠等。

第二节 庙宇

庙宇是黄连人对自然、神灵、先祖、先贤表达敬意的独特场所。它们大多并不宽敞，却让人在有点逼仄的空间中感受到充盈的真诚与质朴的善意。分布各处的庙宇，隐隐构成黄连水乡人从生活劳作到求学索理，再到“心安即是家”的精神空间。

一、仓沮圣庙

仓沮圣庙供奉创立文字的仓颉、沮诵两位文明先贤

俗称“字祖庙”，位于黄连祖庙大街2号，清光绪元年（1875）创建，2008年重修。面阔三间，9.1米；两进深，17.66米。石门额阴刻“仓沮圣庙”楷书。门联为“一画开天诞敷文德，三弓辟地上应奎躔”“创字佐轩辕景运聿开新气象，同文遵矩矱普天咸仰大宗师”。庙内现存两通《仓沮庙碑记》。此庙为如今顺德唯一纪念仓颉、沮诵作字功绩的庙宇。庙左侧有“奖善堂”。

二、先蚕庙

中国是世界上最早种桑养蚕的国家。人们从事蚕丝织造，构成男耕女织的农业经济形态与社会结构。因此，上自帝王，下到百姓，无不供蚕作神。北海公园仍存先蚕坛，此为清朝后妃祭祀蚕神重地，为北京九坛八庙之一。

顺德独有的先蚕庙，反映出此处昔日丝绸业的鼎盛与对蚕神的崇拜

在清朝，浙江省城建先蚕庙，规定每年春季的吉巳日致祭。巡抚主祭，祭品有羊一、猪一，铏、簠、簋各二，笾、豆

各四。大小官员恭敬如仪，一丝不苟，对蚕神敬畏有加。

黄连先蚕庙应是流传到顺德的中原古风，顺德现存的各处蚕姑庙可作旁证。先蚕庙位于黄连涌口。始建于清光绪年间（1875—1908）。因岁久月深，庙残宇损，乡民于1997年集资重建。庙门仅存原刻对联：“先民力耕耘重农立国，蚕娘勤纺织机杼成家。”次年开光，人们赓续烟火，拜祭不断，祈求蚕神保佑人们安居乐业，和顺祯祥。

金顺侯庙

三、金顺侯庙（万春园）

在清河直街，人们建造金顺侯庙，供奉唐朝名将雷万春。

雷万春（701—757），河北涿州人，本名雷震，官名万春，智勇双全，博史通经，骁勇沉着。安史之乱时，雷万春与张巡共守雍丘，城陷被害。唐肃宗感其忠烈，封雷万春为“荣禄都督大夫”“忠烈将军”；宋徽宗追封其为“忠勇侯”。后人深感其英烈忠贞，供奉他为“雷霆驱魔大将军”。甘肃天水、安徽绩溪、江西兴国、广东台山等地都传颂着他的各种神迹与传说，以此弘扬其内在精神。

供奉唐朝名将雷万春的万春园

黄连素有中原唐宋古风，人们将北方以忠臣作为守护神灵的传统融合在本地风俗中，让人触摸到延续千年的精神脉络。庙旁有大树一棵，浓荫密布，白鹤筑巢。“考僻寻幽憩海关，雷侯庙祀茂林间；柴门临水春深浅，老树凌空鹤往还。”古风隐隐，清幽绝伦。

四、南大将军庙

明正德年间（1506—1521），乡人、进士何鳌主持修建南大将军庙。

香火鼎盛的南大将军庙

南大将军为唐朝大将、河南濮阳人南霁云（712—757）。南霁云少年时代习文练武，沉毅敏勇，精通枪法，临阵对敌，枪如游龙，所向披靡。他更能左右开弓，百步穿杨。后投奔张巡。

张巡（708—757）为山西永济人，唐开元末年进士，曾任清河县令、真元县令。安史之乱时，南霁云随张巡镇守睢阳（今河南商丘市睢阳区西南）。唐至德二年（757），张朝宗攻打宁陵，南霁云、雷万春率兵抗击，歼敌万人。

同年，安庆绪杀死安禄山，派兵30万攻打睢阳。睢阳太守向张巡求援。张巡、南霁云率兵相救，合兵睢阳。南霁云一箭射中叛军尹子奇左眼，令敌军阵脚大乱。但张巡深知其兵寡力单，难以为继，于是南霁云受命向附近军队求援。南霁云反复相求，守将皆按兵不动。南霁云愤然南归，血战入城。

独守孤城的军民外无援兵，内缺粮草。他们煮铠以食，最终戈盾难提，张弓无力，几个月后，城陷被俘。

面对敌将劝降，南霁云凛然不惧，与张巡、雷万春等一起英勇就义。千年来，人们深佩其忠勇义节，常建庙祭祀。后人有诗感叹：“李唐社稷今何在？不及将军尚有祠。”

何鳌修建此庙，将一缕忠义清风引入家乡。人们更祈祷南大将军能庇佑乡间风调雨顺，五谷丰登。

中华人民共和国成立初期，因修筑堤围，古庙被拆毁。1994年，乡民筹资，在社学街重建南大将军庙。每年农历七月二十四庙诞，南大将军庙帅旗飘扬。四方香客，纷纷前来，恭敬祭祀南大将军。晚上，乡人在庙前大摆宴席，宴请亲友，且演出大戏，锣鼓喧天，以答谢南大将军四季镇守劳苦功高，更期待来年吉祥，无往不利。

五、竹林古庙

此庙专祀北宋名相寇准。相传，当年建庙时，乡村父老以青竹挑寇准遗物迎接其入庙安奉。古老相传，寇准去世后，灵柩运回家乡陕西渭南，沿途百姓官员自发在道旁以竹枝挑长幡致祭，后沿途竹枝皆存活，连片成林。后来，人们以“竹林古庙”专指寇准庙。黄连村民建筑竹林古庙，将寇准清正刚直、一心为国的内在精神引入村中，孕育出青苍劲韧、风清气正的乡村文化。

二帅府中的二帅是乡民深为敬畏的守护神

六、二帅府

相传，二帅府始建于元朝，为梁氏始祖梁宗玉所筑。当时他目睹时政纷乱，人心浮躁，于是建二帅庙，以引导乡民重归古道，不染俗尘。

改革开放后，乡民筹资重修二帅府，同时建梁宗岳纪念亭以表彰为北头坊无私奉献的海外乡亲。

二帅府内供奉伏虎玄坛赵公元帅和雷霆驱魔霹雳将军。赵公元帅即赵公明，为民间的武财神，天帝封他为“正一玄坛赵元帅”。相传，他呼风唤雨，消灾去病，更生财有道，受民间尊奉和膜拜。赵公元帅黑脸浓须，头戴铁冠，手执铁鞭，跨骑黑虎，隐居终南山，修道养性，人称“黑虎玄坛”。

雷霆驱魔霹雳将军其实是钟馗。他刚正不阿，斩魔除邪，捉鬼灭魅，迎吉纳福，深受民众喜欢，后被封为“驱魔大神”“驱魔帝君”。

每年农历三月十五，二帅诞辰，鞭炮喧天，香火鼎盛，人们竞投神灯，祈求一年安顺。

七、洪圣庙

洪圣原名洪熙，为唐朝广利刺史。他廉洁奉公，爱惜民众，更精通天文，常观测天象，将阴晴风云告知渔民商贾，令他们远离不利，深受民众推崇。他去世后，人们建庙祭祀，供奉他为海神。唐天宝年间（742—756），朝廷封他为“广利王”，宋朝封他为“洪圣”，元朝封他为“广利灵孚王”，清朝封他为“南海昭明龙王之神”，民间则一直称之为“广利洪圣大王”。洪圣庙的设立，反映出此地昔日面朝大海，人们以海为生；后海水消退，洪圣大王渐渐成为人们祈祷四季平安、风调雨顺的守护神。如今，每年农历二月二十三洪圣诞，善男信女，纷至沓来，祈求一年安康平顺。

洪圣庙

八、关帝古庙

关帝自宋朝末年开始成为乡间祭祀的神明，集中着忠、义、仁、勇、信的传统美德，为不同群体所尊奉和推崇。每年五月初三的关帝诞，人们从四乡八邻前来祭祀关帝，成为乡中盛事。

关帝古庙

九、北帝古庙

北帝原属北方神明。黄连一带昔日四面环海，人们出海捕鱼，耕作农田，内心祈求北帝将北方水流有序流入，以便他们五谷丰登，满载而归，货通天下。每年三月初三的北帝诞成为黄连著名庙会。

十、华光庙

华光大帝又称“五显华光大帝”“华光尊皇”“灵光马元帅”等。他原名为“马灵耀”，为火神，因天生三眼，火之精、火之星、火之阳，民间称“马王爷三只眼”。相传他慈怀善德，有求必应。

第三节　桥梁码头

桥梁码头是黄连最早的农贸市场与信息中心，是黄连人走向外部世界的基石，是水乡人最恬静的梦乡。

一、广孝桥

位于黄连基尾。明朝司礼监太监傅容为方便傅氏族人扫墓，下令由当时的广东左布政司翁健之在河上修建小桥一座，称“广孝桥”。明弘治四年（1491）农历四月二十八始建，次年（1492）农历八月二十六建成。红砂石桥墩，硬木板桥面，无栏杆。横跨东西，宽3.8米，长7.2米。《广孝桥记》碑立于桥旁。为佛山市文物保护单位。

广孝桥

二、汴梁古桥

位于黄连北头，石梁桥。重建于清雍正十三年（1735）。在二帅府侧，横跨东西，4块大麻石板并排平铺作桥面，平整干净。桥墩为红砂岩，东侧桥墩阳刻“汴梁古桥”大字，细刻“雍正乙卯重修”字样。

三、连济桥

位于黄连村深滘石桥头。清朝风格。起西南，向东北，连接深滘罗地大街与接龙直街。长24.5米，宽1.5米，三孔。为梁式石板桥。上有麻石望柱五根，柱头为尖锥形，桥墩阳刻“连济桥”楷书，分水尖特设桥墩，可知昔日河水急湍。桥西南处有“深坊水埠”字样。

古今相融的连济桥（何福源摄）

四、拱孝桥

相传明弘治年间（1488—1505），黄连有一新桥落成。入夜，一何姓孝子因母亲突发急病，跨过新桥方能及时求医。但按古俗，新桥落成，仅两类人有资格率先通过：当地最有威望或官职最大者和五世同堂的福命人。但情急之下，何孝子直奔新桥，匆忙通过，最后救得母亲。乡民深感其孝，不予追究，相反，更以其孝行将新桥命名为“拱孝”。乡民还以药材名拟出上联“贝母过连翘，栀子苦参防滑石”，今人对出下联“储君归故芷，还钗寄奴候马前”“牵牛寻通草，慈孤远志上常山”。历代相传，将孝顺古风绵绵相承。

五、何诒燕堂码头

位于黄连建设中市，所在处俗称“石狮脚”。建于1935年。坐北向南，占地110平方米。麻石铺就，平整坚实。平台上有咸水石雌雄两狮，相传为明正德年间（1506—1521）所建。为顺德现存最大、最完整的一对石狮。雄狮凶猛刚峻，毛发卷动，似在厉声咆哮，散发着令人震怖的雄威。雌狮轻抚幼狮，舐犊情深。相传昔日河对面常有猫妖趁夜深人静越河偷吃河鱼，人们遂以雄狮镇妖。

码头台基上刻有“何诒燕堂码头，民国二十四年（1935）”字样，为顺德少见的大型全麻石码头。几百年来，四乡八邻的乡民就是通过这座码头远赴广州、梧州，运输货物。这一往来贸易枢纽在顺德水运历史、中外贸易中具有独特地位。

六、其昌码头

其昌码头又称“涌口码头”，坐落在冲口坊尽头的防洪堤围下，是黄连唯一的水上交通要道。平日，码头只有两间简易平房，一位称“槛豉”的老人负责卖船票。当时坐驳船只需1毛钱左右，水涨时价格升到1.5毛。小码头为木棉、榕树、水蓊树掩映，绿荫蔽日，尤其是四五棵百年老水蓊树，古枝遒劲，叶茂芽嫩。树下大麻石长达一丈二尺（约4米），高可半尺（约0.17米），因人们常年闲坐其上，光滑平整。码头上有一个“人”字形双埠头，左侧平缓，以便客人往来，埠头下游木头桩子可供驳船拴缆停泊。右侧埠头以细麻石铺成20多级，以便人们洗手挑水。每天，停泊在码头的驳船将乡人运到河中往来客船上，日复一日，延续着乡村古老的水路交通。

500年间目睹黄连繁盛的石狮

七、古今闸口

黄连有出入顺德水道的涌口闸、泥涌闸，也有从内涌进出黄连河的拱桥闸、干沙闸和深滘闸，构成黄连村内控制水流与洪水的重要节点，更形成内通乡村、远达村外的水上运输通道。

第四节 其他古建筑

不同古建筑，因其功能相异而成为黄连人生活、劳作、交流的不同空间，更为人们留下大量真实而充满细节的珍贵历史遗存。

一、天知堂

"天知堂"3个字流传着一段曲折的传说

何思赞为明嘉靖二十八年（1549）举人，二十九年（1550）进士。曾任南京户部主事，后出守梧州。他清廉自守，爱民如子，两袖清风，不染俗念。何思赞与海瑞（1514—1587）素为好友。后海瑞入朝，得知何思赞在家中建"敕书楼"，怀疑他损公肥私，言行不一。何思赞得知后，将书楼更名为"天知堂"，海瑞得闻，疑惑冰释，二人重归于好。

"天知"源自汉朝杨震。他出任荆州刺史时，经过昌邑。昌邑县令王密当年受杨震推举任职。于是，他深夜拜访杨震，送上黄金10两，并说："请您收下，无人可知。"杨震正色回应："你知我知，天知地知，怎能说无人知道？"何思赞以此典故，自白节操。

至今，天知堂旧址仍存，乡间一直流传着这一动人故事。

二、华园

民国时期广东省政府秘书长、广东省建设厅厅长何启澧私宅。

华园为20世纪30年代建筑，由红砖砌成，中西合璧，隐隐散发出北大红楼的文化底色。全部建筑用钢筋筑就，为民国时期罕见结构。

华园天井内设水井与三级化粪池，彼此相近，却严格分开。如今井水仍清净如常，令人惊叹。

传说大良江中电力公司为庆祝华园入伙，特从大良将电缆搭来，通电照明，长达18千米，工程浩大，轰动一时。

华园所在位置原为清朝大祠堂——耕义堂，此为雍正皇帝御赐堂号，当年仍存御赐金漆牌匾，后在“大跃进”中被烧毁。

步云门（东）、豫章门（西）、聚贤门（南）、近仁门（北）为昔日黄连四大门。华园地处黄连北门的“近仁门”。

“华园”二字经几十年岁月，静静嵌入历史深处

三、一河七渡九牌坊

黄连曾有“火树相盖三阁老，一河七渡九牌坊”的文化历史景观。

黄连河沿岸，坝咀渡、萧地渡、文阁渡、独松渡、谭义渡、大渡和沙咀渡等7个渡口陆续排开，商人旅客、四周乡民、官员小吏，往来不断。人们挑担背袋，搀老扶幼，

何启澧故居

重建的步云门

牵猪带犬，延绵不断。此处每天如《清明上河图》中的景象般人声鼎沸，货如轮转。

“大方伯”“百岁流芳”“旌节”“忠义”“敦武”“忠臣祠”“旗节”“孝行之门”和“侍御之家”9座牌坊，如不同节点，将黄连历史上忠、孝、敬、悌、贞、官、民、士、绅的人生凝聚成凝固牌坊，融入大历史的洪流中，化作人们茶余饭后的谈资，更成为几百年来后人膜拜的榜样与超越前贤的力量。

四、黄连牌坊考

（一）大方伯牌坊

立于石狮脚，表彰明正德年间进士，湖广布政使、御史何鳌。

明朝，左右布政使的别称为“大方伯”。布政使为布政司长官，布政司全称为“承宣布政使司”，从二品，掌管全省民政、田赋、户籍。

（二）百岁流芳牌坊

立于石狮脚，特赐104岁的何昌宝六品衔。

清朝对“凡百岁、五世同堂、亲见七代、夫妇同登耆寿、兄弟同登百岁”的高龄老人，特别赐予匾额、银两、绢帛等以建立牌坊旌表。

旌表建坊程序复杂漫长。县地方官员上报，省汇总、归类，上报礼部。礼部核实，经皇帝批准，然后出具批文，由地方落实。资金或由政府提供，也有家族自筹。富有者多建得华美高宏，更请书法家题写“熙朝人瑞”“五世同堂”等，老妇多题“贞寿之门”，男子则写“升平人瑞”等。

（三）旌节牌坊

立于上宅街，旌何福馀妻周氏节孝。

“旌节牌坊”在昔日用于表彰丈夫去世后长年不嫁或自杀随夫的女性。其申请程序与百岁牌坊相似，但背后的故事却非百岁牌坊那般让人津津乐道。顺德贞洁女性众多，仅《顺德县志》（清咸丰、民国合订本）记载，从宋朝到清咸丰年间就有41位，“雄踞全国之首”。

（四）忠义牌坊

立于中市，旌明朝初期剿匪战死、一门20余人被害的关敏，更建有“忠义亭”彰表其德。

（五）敦武牌坊

立于关地。关敏去世后，廖永忠上奏朱元璋申请表彰。朱元璋认为关敏身无官职，却能仗义讨贼，身死家亡，深值张扬。特封“敦武校尉”“兵马司副指挥”，立敦义祠，春秋祭祀。

（六）忠臣祠牌坊

立于东坊。忠臣祠祭祀表彰明初巡检张仲贤。张仲贤剿贼阵亡，官府立忠臣祠，四季祭祀。

此外，还有立于尚义巷的旗节牌坊和孝行之门牌坊，立于中市的侍御之家牌坊。清朝称侍御史为“侍御”，为御史大夫佐官。

前人建造表忠里，以表彰关敏护卫家乡的忠义大节

以上即为黄连九牌坊。除此之外，黄连尚有以下牌坊：

大柱史牌坊：按抚（明朝“巡抚”和“巡按”的合称）钱陈王表彰举人、湖北德安知府何宏。明朝称巡按御史为“大柱史”，从七品，主要职责是督查官吏廉政，维护中央集权。

擢科牌坊：表彰举人冯瑞。

进士牌坊：表彰何鳌、何翯、何思赞。

节义徽音牌坊：巡按郭文、周学宪、张希举表彰捐资赈灾的何祖雄妻、何功右母李氏。

旌孝牌坊、表贞牌坊：表彰孝母恤丧、仁化乡里的何功右。

“忠义”二字成为黄连内在的文化精神

五、傅氏墓碑群

位于黄连基尾石龟一巷。“傅氏先茔之记”石碑。丘浚撰文、谢宇书丹、李东阳篆额。设立于明弘治四年（1491）。

“傅氏谕祭碑”为明弘治年间（1488—1505）司礼监太监傅容为父母合葬墓所立。碑文记录傅容深念父母恩情、请求设立合葬的过程，全文495字。碑顶为红砂岩，饰以双龙夹额。额文字前后相同。碑额宽1.04米，长1.88米，碑文记录为明正德元年（1506）所设。碑背载有傅容购置用作守陵人的费用以及祭祀开支的田地清单。

“谕祭碑”俗称“石龟祠碑”，在合葬墓左侧。连底座长3米，宽1.04米，全文共117字。碑顶双龙夹额，底座为赑屃，由时任广东布政使司左参政翁健之代表皇帝向傅容父母坟祭奠，特设此碑记录。设立时间为明正德二年（1507）。

这片墓碑群为佛山市文物保护单位。

六、双豸第

双豸第

双豸第巷坐落在藩侯祠侧。相传昔日有兄弟二人曾为朝廷命官，后因残疾返乡。他们题写“双豸第”作为巷名。

七、何氏旧宅

位于深桂里7号的何氏旧宅坐北朝南，一梯三层，以景门、照壁、镬耳高墙、漏窗、凉亭构成，步移景换，交错融合，成为保存岭南建筑风格的典范。

此外，村中还有水埗坊和地处基尾直街1—3号的凤岸大街。相传此处有凤姓与岸姓人家居住，后结成姻亲，于是取名为“凤岸大街”。

第五章 民俗、美食、民间活动

黄连因地处乡镇间，不同村庄的风俗和民间活动都融汇其中，呈现出百花齐放的景象。

第一节 水陆活动

黄连作为典型水乡，大量的水陆活动是民众尽情释放内在激情的最佳方式。

一、龙舟

龙舟是黄连流动的文化精神。因此，龙舟从深埋河中到竞渡争先，表达了黄连人对未来与幸福的热切期待。此处细细解读他们与龙舟的各种关系。

（一）隆重的起龙仪式

起龙又称“请龙”。每年农历四月初八前后，黄连村民择好吉时，隆重的起龙仪式在鞭炮声与敲锣打鼓声中开始。此时，村中壮丁宣读起龙誓词：“春夏之交，五月如炉；古韵黄连，潜龙腾渊；得水之源，蛟龙出海；祛疾消灾，国泰民安；年年盛典，声播四方；有凤来仪，同谢上苍。”

宣读完毕，10多位精壮男子跃入仍觉冰凉的河水中，心怀虔诚，众手协力，在力拔山兮的呐喊声中将深藏河底的龙舟合力请出。

沉龙裹挟着流淌的河水跃出水面的那一瞬间，岸上锣鼓喧天，鞭炮齐鸣，围观的人们欢呼鼓掌。一年一度的起龙仪式在火红的凤凰花与碧绿的河水映照下顺利完成，也宣告着热闹而漫长的龙舟竞渡节日来临。

多年来，黄连居委会精心营造起龙文化，不仅令河宽水清、树碧花红，而且不断深化传统的起龙仪式，令其充满吉祥和谐的风俗寓意，吸引着人们远道而来一睹盛况。

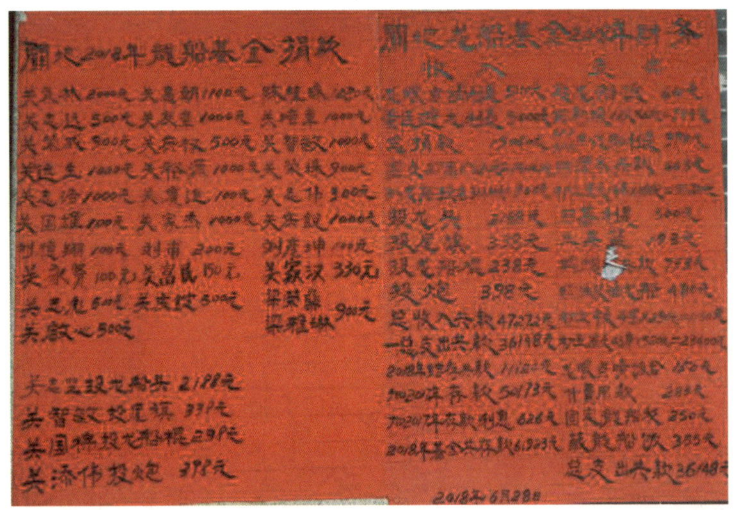

几百年来，人们一直沿用这种直观而公开的方式去合资举办各种民俗活动，成为充满生命力的乡间文化

（二）洗龙与转龙头

洗龙：龙舟请出后，人们将其送到树荫下，让清风缓缓吹干身上水渍，同时修补漏洞和罅隙；随后，涂上桐油以备使用，更增一层光油令其乌黑锃亮。

转龙头：人们到庙中上香，将珍藏一年的龙头、龙尾恭敬请出，随后点燃鞭炮，敲锣打鼓，安装龙头、龙尾。

（三）龙船点睛

龙船点睛：农历五月初三，黄连人将龙船划到龙眼村，来到太尉庙前，将龙头、龙尾卸下，恭敬请入太尉庙中。此时，点睛人一手捧丹砂碗，一手拈毛笔，口诵吉语，一边在龙眼、龙脊、龙尾点染朱砂，一边祝福大家全年吉祥如意。朱砂点三道，表达三生万物，生生不息。黄连健儿目睹每一下朱砂落笔，点睛人每说一句吉语，他们都齐声呐喊，声震瓦顶。点睛后，他们再到后面的观音庙，祈求风调雨顺、逢凶化吉，随后再到华光帝殿拜祭华光大帝。华光大帝与赵公明、温琼、关羽并称“护法四圣”。华光大帝有3只眼睛，为火之精、火之星、火之阳，为火神象征。获得所有神灵护佑后，人们前往埠头，参加竞渡或游龙。

（四）游龙

端午前后，黄连游龙，盛况空前。罗伞、神楼、彩旗、花篮，将来自黄连各自然村、附近乡村的数十艘龙船装饰得五彩缤纷。龙舟健儿们在锣鼓、唢呐、哨子、呐喊声中划桨前行，其声震彻水乡。人们驻足观看，评点欣赏，形成动静融合的深度互动，称为“游龙”。“趁景”或“出游”的游龙展示的是纪律的严明、合作的紧密、精神的昂扬。龙船相遇，互泼河水，共致祝福。游龙活动成为最轻松欢快的水上活动。卢汉超先生曾有诗歌描述黄连龙舟竞渡景象：“黄连河边睇龙船，龙腾竞渡两岸欢；鼓点锣声连天响，万人空巷悼屈原。三闾大夫楚国泪，泪滴千年流万古；正值民族复兴日，浪波奔涌船接船。”

（五）洗龙舟水与吃龙船饭

游龙或赛龙后，人们争相拥到龙舟经过处以河水洗脸或洗澡，称“洗龙舟水”，寓意可以清除身上晦气，更加健康强壮。

龙舟竞渡傍晚，村中老少聚集村中空地处品尝“龙船饭”。一整天早已垒好大灶的大铁锅上烹制着各款夏日节令菜。按古老传统，饭桌上摆上9盆大菜，以示最高等级，称“九大簋”。饭菜中，蒜头蒸辣椒为必备菜肴，专门辟除龙舟竞渡者湿气。节瓜、大藕、虾米粉丝、烧肉、冬菇等应时佳肴琳琅满目，特别是苦瓜蒸三黧（鲥鱼的别称），清凉甜润，令人垂涎欲滴。烧肉寓意皮红体壮，鱼虾指谓年年有余。掌勺者为村中精通厨艺者，为乡人奉献一手绝艺与满腔真情。宴席后，人们将剩余的菜肴打包回家，让子女继续品尝，以沾得龙气，精神焕发。

（六）藏龙

所有竞赛活动结束后，村民择吉日将龙船深埋河中，称“藏龙”。至此，一年一度的龙舟竞渡圆满结束。

（七）龙舟竞渡

黄连与顺德龙舟的发展有一段因缘。

1979年，黄连人决定举办通天埠五桡龙舟大赛。当时顺德区体委领导何乐民、郑家润将黄连定位为龙舟集训基地。黄连人为龙舟健儿提供各种生活服务，更培养出有“天下第一鼓”之称的潘志强。经过50多天的集训，形成了当时不为人知的顺德桡法。

在首届香港国际龙舟邀请赛中，黄连人潘志强作为击鼓人奋力击鼓，轻重缓急，清晰分明，鼓励队员们迎风破浪，奋勇争先。健儿们运用磨砺精熟的新桡法，齐心协力，挥桨如风，舟如利箭，脱颖而出，最终一举夺冠，声闻远近。1980年，顺德举办首届龙舟大赛。参赛队伍来自顺德、江门、番禺、南海、广州和外省。黄连代表队砥砺奋进，过关斩将，一鸣惊人，勇夺第四名。

静静的龙门等待五月龙舟健儿的飞桨呐喊

1983年，顺德龙舟队成立，训练基地设在黄连。

无数健儿在黄连挥桨苦练，不舍寒暑，最终折桂，名播远近。黄连龙舟队不甘人后，在2006年举办的顺德龙舟公开赛中勇夺第二名。黄连也因此在土地上渗透着深沉的龙舟文化底色与奋勇向上的龙舟精神。

如今，黄连各居民小组都拥有自己的龙舟，其中5艘已逾百年。它们的名号和历史如下表所示。

黄连各村落龙舟概况

居民小组	龙舟牌号	历史（截至2021年）
北　头	黄连北头	老龙（超百年）
	黄连北头	19年
	黄连北头	2021年购入
东　坊	连溪金顺侯	3年
关　地	忠义报功	约30年
涌　口	涌口坊	老龙（超百年）
	天后宫	4年
连　溪	连溪风塂	约30年
	连溪社学	老龙（超百年），大修过，仍保留龙筋
	连溪社学	12年
联　三	连溪联三	16年
龚家大祠	黄连龚氏大宗祠	3年
联　二	黄连深滘三帅	老龙（超百年）
	黄连深滘三帅	13年
萧　地	黄连新涌	老龙（超百年），大修过，仍保留龙筋
	黄连新涌	约11年
龙　村	连溪龙村	约11年
洪　拳	顺德洪拳	约7年

附：

黄连龙舟话当年①

那年，刚打倒“四人帮”，今后的方针政策将怎样变化，谁也不知道。总之，一切好像暂时静止。

在这真空的日子里，我们做农民的依然天天荷锄种地、割草养鱼，等候中央新指示。就是在这种环境下，各种不同的声音传来，都被我们当成聊天话题。

这天下午，时值清明时节雨纷纷，当然开不了工。社员们都在生

① 这篇选自黄连人梁建中的文章《我与顺德龙舟》，记录黄连当年重新划起龙舟的故事，朴实生动。此处略作删减，可作为一段珍贵历史记载。

产队部或坐或立地聊天，渐渐回忆以前每年扒龙舟的盛况，我们生产队每天开收工作信号打的铜锣就是扒龙舟用的。有个老社员问我：“龙舟的旗幡、罗伞以前都放在大木柜里，烂了吗？”负责保管的是我老婆，她回答大家：“好着呢。”老家伙不相信，10年了，不敢拿出来晒，只封存着，没生白蚁？我建议：“我们都没检查过，在那10年，谁敢拿出来？如今我们拿出来看看吧。”在我印象中，这些龙舟用的彩色的旗幡罗伞，都是刺绣精美、十分漂亮的文物，我从未近距离看过，一群十几二十岁的小青年鼓噪着要打开大木柜看看。

正队长不在，我这个副队长成了临时指挥。人们拥挤在木柜四周，打开了10年未开过的铜锁。展现在人们眼前的是耀眼的彩色光芒，先掏出来的是几面长方型大帅旗，上面绣有我们坊名“凤埗”，接着拿出来的是几个罗伞和几面三角狼牙旗，全都色泽鲜亮，10年禁锢，并无失色。

有几个小青年拿了扎刮鱼用的竹竿，把旗幡、罗伞穿起来，左舞右摇，十分好看，引得大家拍手称好。

这时，有人提出，埋在河涌里的龙舟不知道有没有烂，如果能扒的话，过两个月就是端午节，我们扒龙舟一定开心。一群青年人纷纷提出马上把龙舟挖上来，维修好就行。

人们盯着我，等我表态，这时队长也出来看热闹。他不敢表态，双眼看着我，意思是看我是否同意。因为那时我在大队兼搞文化宣传工作，算是半个“京官”吧。我头脑一热，右手一挥：“反正没人理，我们生产队起龙舟吧。”十几个青年立即抄家伙，冒着纷纷细雨，不顾仍带寒意的河水，跳下涌里起龙舟……

因为我们生产队率先起龙舟，第二天别的生产队跟着也纷纷起龙舟。我们黄连大队共有7艘龙舟，旗幡、罗伞都保管得很好。

我和一个社员上勒流找到那个懂雕龙舟头的老伯，讲好60元雕一套龙舟头和尾。我们把龙舟洗干净，抽入祠堂里，晾干之后请木匠修理龙舟破烂了的地方。

我们大队党支部书记是个爱热闹的人，全大队有7艘龙舟，如果都在端午节游龙，一定轰动四方，上头既然号召“拨乱反正，解放思想”，我们就先开个头吧。结果，7艘龙舟是全顺德最先重回世间展现风采的带头龙。当年国庆节，我们大队居然以一乡之名搞起了“通天埠”扒龙舟比赛。所谓“通天埠”，即各地龙舟都可以参加比赛，一时盛事，轰动四乡。可以说10年浩劫后最先搞龙舟比赛的就是我们勒流公社黄连大队。第二年，顺德县举行龙舟通天埠比赛，特邀我和大队党支部书记到伦教公社参加有关比赛事项的工作会议，原因是我们黄连已搞过龙舟比赛，有经验。最后，我被指派为西面龙舟转头的记录员。

比赛那天，一只大船泊在赛道西面转头点，我坐在船里不敢怠慢，认真记录每只龙舟有无真正到达转弯点才转头，预防有人中途偷步转弯破坏规则。因为赛道较长，从三洪奇到江义大队江面，不近呢。

过去那么长时间了，如今回忆起来，顺德是全广东最早搞通天埠龙舟比赛的县，而我们黄连则是全县最早搞龙舟比赛的大队，我们黄连大队基尾生产队则是最早让龙舟重见天日的生产队。之后，顺德县体委组织一支龙舟队集训，准备出战香港国际龙舟比赛，集训地点就在我们黄连大队，由黄连有经验的“扒仔”（龙舟队队员）担任顾问。之后，顺德龙舟队征战南北多年，屡获头名，一时堪称无敌。

二、篮球

1945年，余民生等人成立黄连雄鹰体育研究社，后成立黄连雄鹰篮球队。队伍元老有何汉生、何宗议、何添雄、萧汝桥、何明新、廖瑞国、廖子希、邓文志、卢兆锦、吴乃烘、何永生、卢毅、苏锡林、何柏新、何培林（绰号“豆皮林”）、何明（绰号“洪文定”）、周富祺、梁锐源（绰号“骚鼠源”）、李堂（绰号“大烟堂”）等。

冯光显敬老院（原宏基球场）

后又有李仲世、何镜明、陈铭、何国柱、梁世、梁锐元、梁元、何妹、何福元、何佳、罗永良、何方等人加入。廖瑞伦（绰号“牛皮伦”）入伍后入选部队篮球代表队。何培林和何明成为番顺县（番禺和顺德曾于1958年合并为“番顺县”）篮球队的主力球员。

当时黄连只有位于如今澳心街冯光显敬老院所在地的宏基球场。球场简陋单一，只有球架、木板和铁圈。黄连雄鹰篮球队就在此日夜操练不断，因技术扎实，群策群力，一时声名鹊起，常转战各地，从未败北，引得省内劲旅前来切磋。

20世纪70年代初，雄鹰篮球队部分球员在黄连戏院右侧义务搭建一个规整水泥地板球场。在黄连雄鹰篮球队的熏陶下，黄连青少年都以打篮球为荣，每晚都有球赛，成为黄连晚间最热闹的活动，于是群雄并起，涌现出雄青队、连青队和黄连队等多支队伍，更培养出一批篮球俊彦，如张海、梁沛文、周洪带、杨盛权。其中杨盛权先后入选韶关地区篮球代表队、韶关铁道局代表队。

每逢大赛，乡人何国华、刘义、金钟敬、何成、陈骚、陈光汉等慷慨出资，鼎力襄助，形成经久不衰的篮球运动文化。2012年起，黄连每年均举办社区篮球赛，在暑假举办篮球培训。

第二节 厨师之乡

黄连名厨辈出，反映出此处繁盛的经济与人们对生活的精致需求。

一、食肆密布　佳肴众多

昔日黄连商贸发达，食肆茶楼密集分布，主要圩市分为东市、中市、西市，“合生龙”“六记”“群力”“品南”“同心”“金钟记”“新纪元”“明记”“天元”“双翻西”等食肆栉比相邻。

历史悠久的天元饼家

黄连厨师几近500人，素有“厨师之乡”雅称。著名酒楼有天元茶楼、连溪楼、翠苑酒楼等。

20世纪50年代公私合营后成立的天元茶楼，由梁进出任主厨，后为龚志鹏。当时天元茶楼主营粥品，点心则是豉汁糖醋蒸排骨、排骨饭、卤水大肉饭、大肉肠粉。点心师傅关汉成的拿手精品为萨其马、脆皮鸡仔饼、全蛋皮干蒸烧卖、烧鸡酥、白糖伦教糕、酥化油香饼、酥脆炸面等。

当今的粤菜名厨中，谭永强的菊花水蛇羹、鲍鱼焗鸡、煎焗鲋鱼，张鉴根的龙王夜宴、龙虾炒鲜奶，吴换标的金巢元贝松、佛地藏明珠，关家乐的力康鸡蛋挞，何盛良的无骨鱼、石上鸣秋蝉，谭德英、谭永强父子的烧鹅，刘绍华的烧鹅，俱为典范。

此外，天元饼家的鸡仔饼、蝴蝶酥，花季雨季的公仔饼，珠记钵仔糕，连溪美点、甄添记冰花梅酱渐也备受瞩目。

二、名家辈出　妙手巧烹

相传，早年关恒昌在广州开银号，与众多酒家深有交往。他热心介绍乡人到大酒店打工。不少刻苦精明的乡人从最底层开始，苦练多问，日益精进，名厨层出不穷，黄连成为厨师之乡。人们在各种吉庆日大摆宴席，多喜欢邀请黄连厨师前来，因他们出手快捷，量足品佳，深受民众欢迎。

黄连名厨张远出身烹饪世家，早年在黄连“金钟记”学艺，后跟随勒流“永乐”名厨罗二。

罗二绰号“神圣二”，擅长烹制鲍参翅肚等名贵佳肴。张远跟随左右，深得其精髓。后来，他入名店“鼎力”。自小读诗书的张远并不止步于蒸炒炖焖，而是将传统的炒鲩鱼卷改良为炒生鱼卷和炒鲈鱼卷。1979年，在全国性技术表演中，他的香麻手撕鸡、凤城野鸡卷、炒三色蛋和创新菜三色凤眼润，就地取材，妙藏刀锋，名扬远近。20世纪80年代，他与张四根、张锦根成为顺德县厨师考级评委。

张远善于将寻常物料化作桌上妙品，如香麻白水肚、太阳鱼等，名噪一时，令人无法忘怀。他还培养出顺德厨王谭永强和北京顺峰酒店总厨张鉴根，可谓后继有人。

张鉴根出身厨师世家，早年在勒流华侨旅行社出任厨师长。他以大良炒牛奶、煎焗西江鲌、生炒糯米饭、脆皮石岐乳鸽等令其香闻四方，后出任北京顺峰酒店总厨。

张永贤早年在勒流鼎力酒家跟随叔公张远学厨，平时留心技艺，精练手法。张永贤的祖父祖母是黄连著名茶楼“金钟记”的创始人。早年，其祖父张敬衡做得一手令人叫绝的竹升面，即使摆摊街头，也食客不绝。其祖母伍结所做炸春花肉、香芋扣肉、四杯鸡、霸王鸭皆名噪一时。张永贤在叔公的言传身教中得其精髓，后成为广东省特级厨师，创立勒流香江酒家。

三、崭露头角　各领风骚

从20世纪70年代末，黄连厨师开始崭露头角。

主勺北京顺峰酒店的张鉴根于1996年在钓鱼台国宾馆制作佳肴，其龙王夜宴、龙虾炒鲜奶名播京华，并获第五届全国烹饪大赛团体金奖、第四届中国烹饪世界大赛团体金奖。

一直深耕勒流的谭永强于1998年顺德美食大赛中获金奖，在第四届全国烹饪大赛获团体金奖和大众筵席最高奖项——

张鉴根厨师与伍桂楚女士合照

优胜奖。他是中国烹饪名师、中国优秀厨师、中国粤菜烹饪大师。一直坚持制作粤菜传统精华的他以菊花水蛇羹、鲍鱼焗鸡、煎焗鲳鱼名满华夏。

20世纪80年代，黄连人陈霜银在勒流侨社将美食鲮鱼宴通过中央电视台向各地传播。后来，她又将美食鲮鱼宴推向国外食客。多年来，她以现代手法经营饭店，令其饮食事业不断，更培养出大批专业人才，成为勒流饮食发展历程中的重要人物。

1997年参加顺德首届烹饪技术大赛获得金奖的关家乐，在第四届全国烹饪大赛获团体金奖，在第十六届中国厨师节全国烹饪技能大赛获中华美食展示团体金奖、个人金奖。他以力康鸡蛋挞征服在座食客。同为关姓族人的关永忠荣获中国烹饪协会授予的中华金厨奖，为中国烹饪大师、十大南粤厨王。

四、大赛夺冠　名扬华夏

何盛良2014年参加中国烹饪铁人赛，获优胜奖；2017年获世界粤菜厨皇争霸赛中国赛区特金奖；同年获世界粤菜厨皇大赛热荤组优异奖。他的无骨鱼、石上鸣秋蝉等名菜素为饕餮桌上珍品。他在2018年获第十二届亚洲名厨精英荟热荤蔬菜类银奖。如今他是顺德厨师协会副会长、中华御厨、国家一级评委。

同为顺德厨师协会副会长的梁国华在2018年荣获中华金厨奖。如今，他还是世界粤菜厨皇协会副会长、顺德名厨会副会长、中国烹饪大师、皇冠厨皇国际烹饪大师。

高级烧腊师刘绍华（绰号“大头华”）在2008年参加中式烧腊评选中获金奖，2010年大头华烧鹅获“广东岭南特色食品”称号，2013年大头华烧鹅、蒸腊肉入选“凤城招牌菜”。

如今主理顺德人家的中国烹饪大师吴换标在2006年广州美食烹饪大赛获团体特金奖、个人金奖。他以金巢元贝松、佛地藏明珠名满凤城（顺德别称）。

近年，一位黄连人经过长年研究实验，最终解决生姜导致鲮鱼鲜味顿失、鱼肉松散的难题，让鲮鱼成为人们期待的佳肴。

名家辈出的黄连，的确是厨师之乡。

附：

民间名厨野仙的传说

（一）智创翡翠珍珠羹　故事流传至今

相传，黄连名厨野仙姓王，早年在富户何诏棠家中当厨师。一天，何诏棠吩咐野仙精心准备几款拿手好菜以款待远道而来的贵宾，好展现家乡黄连的特色美食。

野仙领命后，不知从何下手。他只得在市场上晃荡寻思。忽然，他看见一农妇摆卖石螺。于是，心生一计。他跟农妇商议：他买下所有石螺，但她要将石螺带回家，煮熟后将螺肉吃完，剩下的螺子归他。农妇自然满口答应。

拿到螺子后，野仙净洗沥干，用江珧柱、金华火腿、大地鱼、清远老母鸡炖好一锅汤，再以新鲜蚊帐布隔去余渣，然后用泮塘马蹄粉加上凉汤稀释，放进汤中老火慢焖。一切停当后，他再放进螺子和红萝卜片，稍稍沸腾后，收火放进大汤盅内，再在上面轻放几片芫荽叶，浓香扑鼻的羹汤满飘厅堂，令人垂涎欲滴。宾客品尝后，大加赞赏。主人更是面子有光，欣悦难言。人们纷纷盛赞汤羹香软绵润，从未得尝，更因其碧翠红赤交错，螺子细如珍珠，于是命名为“翡翠珍珠羹”。从此，每有嘉宾前来，何诏棠都吩咐野仙秘制一道翡翠珍珠羹，食客无不啧啧称道，回味无穷。野仙制作翡翠珍珠羹的故事至今仍流传于黄连乡间。

（二）制鱼生出神入化　李鸿章盛赞不已

1. 运刀如风　切肉成片

一年夏天，野仙同乡请他到广州十三行为伍廷光制作鱼生。他来到厨房后，在鲫鱼下颌与尾巴各割一刀，因刀快手轻，鱼毫不知觉，仍闲游水中，但鱼血缓缓流去，这样既能保持鱼的生命元气，又将鱼血排清，保持鱼肉的弹性与色泽洁白如雪。众厨师亲眼所见，深觉佩服。宴席中，盛宣怀等人对清甜爽嫩的鱼生大赞不已，“黄连公鱼生”名满十三行。回乡后，野仙潇洒依旧，“龙门鲜鲤时烹煮，虫蛀干柴日燎烘”。后来，他受命为李鸿章做鱼生大宴。于是，野仙卷起制作的鱼生专用桑刀，飘然北上。

到京城后，野仙拜见李鸿章，现场表演制作鱼生。只见他一手捞起永定河大鲫鱼，刀如闪电。人们未曾仔细端详，他早已将鲫鱼去鳞起肉，切块上碟。随即，在细密快捷的切脍声中，大块鱼肉化作深秋芦花，均匀地铺在洁白的细碟上，一气呵成，节奏分明，如同钢琴家演奏一首明快的乐曲般行云流水。一切停当，野仙停下手中桑刀。此时，李鸿章手中茶杯仍是淡烟袅袅。他不禁赞叹：“昔日关云长温酒斩华雄，今日野仙做鱼生茶尚温。”众人得闻，纷纷赞叹不已。此时，李管家仍心怀疑虑，因鲫鱼骨刺满身，如此快刀切肉，是否骨碎存肉中？于是，他忐忑不安地夹起片鱼生放进嘴里，细细品尝。反复琢磨几番后，他不仅找不到半丝骨屑，且鱼肉清香满口，不禁竖起大拇指，连称佩服。众人见得，也心安神怡。于是，野仙再将鲈鱼和鲩鱼做成鱼生，请中堂大人细细品尝。李鸿章目睹野仙整个制作过程，心生好奇，夹起鱼生在灯下细看，但见鱼生薄胜蝉翼，素净白皙，不见半点血丝，更呈现出鱼肉天然纹理，不觉暗自赞叹。

2. 三十六道作料　天地人和美味

此时，野仙早已在桌子上满摆红辣椒丝、胡萝卜丝、青椒丝、柠檬丝、洋葱丝、紫苏丝、炸芋头片、炸粉丝。此外，还有酸姜丝、生姜丝、葱丝、沙葛丝、榨菜丝、蒜片、榄角粒、陈皮粒、芝麻粒、酸萝卜丝、酸藕丝、指天椒、酸荞头等，红绿相间，紫白交融，五彩缤纷，斑斓多姿。于是，李鸿章夹起细如发丝、苍碧细腻的柠檬丝和鱼生同送口中，但觉嫩滑鲜润，让人感触到鱼肉的清香与生命的律动。他暗暗称道：“确实名不虚传。”不觉连连举箸，众人得见，纷纷欣赏一番。野仙也渐渐长吁一口气。

突然，李鸿章脸色一沉，厉声喝道：“你村野匹夫，何敢弄出如此多小碟来戏弄老夫，以骗取小钱？”

野仙得闻，并不慌乱，徐徐回应道：“鱼生虽清甜，但不少人仍觉腥恶，这些调料可剔除鱼腥。三十六碟配料，正与三十六天罡星对应。它们与糖盐醋酱一道，构成变幻无穷的滋味，更化作九种色彩，这才是黄连鱼生的真味。这次我更带来大良出产的白醋，略甜却能生津，用于制作酸荞头和萝卜，配合鱼生，天衣无缝，正所谓天地人和，共冶一炉，请大人再细细品尝。”

李鸿章听罢，细细将各种作料连同鱼生一起细品，不仅点头称是，更忍不住赞叹：“想不到你不修边幅，却颇有能耐，你愿意留下来侍候老夫吗？”野仙连忙拱手道：“野民懒散已惯，今天得以献艺一番，已是无限荣幸。我还是喜欢无拘无束的生活。”李鸿章也不勉强，挥手命他退下。野仙回乡后，依旧洒脱无拘，“烹虾煮蟹朝朝乐，炒鸭熬鸡日日丰”，尽享天地精华。

（此文根据关耀权先生文章改编）

第三节 非物质文化遗产项目

黄连是顺德非物质文化遗产项目最多的社区。非物质文化遗产可以让人读出黄连人对传统的深刻理解与分外珍视。

一、仓沮信俗

仓沮崇拜风俗流传于黄连民间，奉祀对象为仓颉、沮诵，以日常拜祭、庙诞、开笔礼、奖善、倡教、崇文为主。

日常拜祭由焚香、行拜、祈福、还愿等组成。

庙诞即以为仓颉祝寿为主。相传农历三月二十八为仓颉寿诞。每年

开笔礼已成黄连当代文化风俗（黄连居委会供图）

此日，黄连乡民聚会于圣庙，相与祝寿。庙诞为期3天。庙内，乡民念佛诵经，设宴庆贺，更邀戏班登台唱戏，为乡中重大节日。

乡民还将孩子姓名贴在香油瓶上，恭送庙中，期盼孩子聪颖勤奋，日精月进。

开笔礼则组织入学新生在仓沮圣庙前举行，由开笔、正衣、拜师、互拜等组成。延续古礼，赓续文脉。

奖善则奖励扶老助幼、帮贫救苦、学业突出、建功立业者，以弘扬纯朴乡风。

黄连仓沮庙两圣并祀，在珠三角地区十分罕见，足见黄连对文化教育的重视，更是顺德崇文重教的体现。

二、龙虱游艺

清末民初，黄连香云纱作坊栉比相邻。“晒地公”闲暇时，常坐薯莨盆中，随水飘荡，渐成竞渡游戏。

昔日，常有盗贼抢夺香云纱。劳作工场、护送船只多由精通武术的工人作保。他们在竞渡游戏中融入众多武术元素。因此，他们参照龙舟竞渡规则，改良出愈发规范的水上运动游戏，如此，既可自娱自乐，又能助兴神诞、欢庆传统节日。

此后，每遇节庆，人们就用平时染整香云纱时所用椭圆形木桶挥桨竞赛，称“龙虱”。“龙”则延续龙舟竞渡的古风；“虱”则指谓木盆小巧。水上竞渡，风行黄连。

1950年国庆节期间，为庆祝黄连晒莨工会成立，黄连举办龙虱“通天埠大赛”。当时规模盛大，在北江支流顺德水道的北滘新龙河段放龙，参赛龙虱共128只，黄连占16只。黄连村民黎志荣获得第八，奖品为鸭1只、烧酒2瓶。

黄连龙虱游艺具有强烈的地域特色，考验个人全面能力，将香云纱染整技艺与工具、洪拳技艺、龙舟文化传统融汇，传承着古老的文化精神与传统技艺。

近年，深谙洪拳的木匠师傅何东成融合洪拳和赛龙特点，将龙虱改

黄连龙虱竞渡（黄连居委会供图）

为长3.3米、承载100余斤的小型轻舟，更轻巧，尤利竞渡，考究健儿平衡力，更具观赏性，深受人们欢迎。

2020年，黄连征集龙虱通天埠龙门对联。公布甫出，迎者踊跃，共有参赛者260人，撰写对联589副，成为龙虱竞赛的文化亮色。

三、洪拳

黄连为顺德洪拳流播重地。清宣统年间（1909—1911），洪拳宗师林世荣及弟子邓二、邓芳3人，因事受清朝廷通缉，师徒各奔西东。邓二由水路投奔顺德弟子处隐身疗伤。其弟子在顺德黄连乡香云纱工场内做工。邓二痊愈后，在工人中传授洪拳。

民国年间，邓二返广州西关。黄连人何华追随邓二，刻苦练习，更返乡传授洪拳武术，深入黄连。2019年，何华弟子何东成成为顺德洪拳传承谱系第五代传承人。

四、广绣

20世纪60年代，黄连乡民约3000户，家家有绣架，户户出绣娘。黄连广绣渐入鼎盛。如今，作为艺术品的黄连广绣再次回归大众视野。

黄连这片土地孕育出曾剑琴、曾剑仑、蔡少珍3位工艺美术大师，她们成为当代黄连广绣代表。2017年3月，黄连广绣协会正式成立，吸收几十位爱好者，使黄连广绣得以赓续与弘扬。曾剑仑、曾剑琴于2016年被列入顺德区第六批区级非物质文化遗产项目代表性传承人——粤绣（广绣）；2020年被列入佛山市第六批市级非物质文化遗产代表性传承人。

附：

十指春风染秀色　老树虬枝发春花——黄连广绣大师

（一）偶遇广绣　灵感突发

2017年，一直从事乡村文化研究与推广的何劲和团队发现黄连深厚的广绣底蕴和精通刺绣技法的绣娘。她们中最年长者已90高龄，最年轻者60多岁。她们承接从清朝流传下来的传统针法，又吸收来自广州的现代技巧，传统与现代的融合就存留在她们手中。这是承接延续千年传统刺绣精粹又体现着近代大都市审美意趣的珍贵遗存，是不可多得且难以复制的文化珍宝。萌生振兴黄连广绣的念头令她们继续走进黄连深处。

（二）广绣历史　根深源长

广绣是以广州为中心的珠三角民间刺绣工艺的总称，与潮州刺绣合称“粤绣”。顺德的广绣清初便名扬海外，当时北滘、林头女子九成从事刺绣，伦教、陈村、乐从等地也有女性投身其中。其中林头绣花户多达800家，2000多人投身其中。

绣品以四角花巾、珠罗被面、窗帘为主，后发展为绒绣画片，产品远销西班牙、菲律宾、英国、美国、德国等地。当时龙舟竞渡的奖品多为刺绣罗伞，华丽精美，素为人们珍重。

当时，一块4尺×4尺四角花巾售价港币195元，绣花女子收入可观。1921—1926年，西班牙商人包揽花巾销售，对外高价销售，从中获巨利。四角花巾还参加过巴拿马赛会国际展览。

顺德广绣与民间信仰、民俗活动紧密结合，形成独具民俗与文化意蕴的艺术品，保存着古老的传统艺术与审美精粹，更因携带方便、绚丽斑斓，深受海外宾客推崇。

抗战时期，刺绣产业渐入颓势，但乡间仍传承刺绣技法。中华人民共和国成立后，仍有绣娘默默刺绣，延续着这古老的文化与精神。

1958—1959年，大良、容奇、北滘、陈村、勒流、龙江等地成立刺绣生产合作社（组），专业人员超100人，年产值超6万元。1963年，专业人员近400人，年产值升至80万元。

（三）广州师傅黄连传艺　家家女孩争学刺绣

20世纪60年代初，广绣出口兴盛，黄连绣花厂成立。这是本地第一家专业刺绣企业。当年12岁的曾剑琴入厂学艺。当时经济并不景气，人们更愿意学习一门手艺帮补家用，于是都争相报名。一个班就30多人，学员总数却多达几百人。

企业从广州请来当时40多岁的师傅黎煊（八级技工）。正是这位黎师傅将广绣技法毫无保留地传授给黄连年轻的绣娘们。由于人多师傅少，她们只好依靠“传帮带”的方式传授技艺，于是，引来大批女孩子学刺绣。因此，20世纪六七十年代，黄连几乎家家有绣女。鸡鸭巷、澳心街、水埗坊，夹着花架的绣娘往来穿行，成为一道亮丽的风景线。

黄连绣花厂除全职员工600多人外，还有近2000名兼职绣娘。附近的江义、扶闾，邻近的南海县，均有人来求职。“吃粥吃饭看绣娘，吃菜吃肉看绣花”成为当时的真实写照。

当时年轻女子都学绣花，因为绣一幅作品可赚4元钱。当时曾有一位绣娘没日没夜地绣花，一个月赚70多元，受到工厂的表彰。有时候姐妹们通宵刺绣，打个盹，第二天继续上班。人们对绣花丝绸视若珍宝，任何人不得触碰，一旦弄脏，就要赔钱。因此，绣花房无不一尘不染，闲人禁进。在这个黄金时期，黄连绣花厂的绣花披肩、圣诞卡、贺卡及节日用品等刺绣精品远销欧美，也推动了黄连的经济发展。

（四）成立广绣协会　传承技法经典

何劲和团队设立协会的想法立即得到黄连居委会的大力支持，而绣娘们更欣悦不已。20世纪80年代以后，随着刺绣产业的式微，她们的一身本领只能深藏家中，偶尔翻开绣品，昔日的岁月才会闪现眼前，而当年盛极一时的黄连绣花厂和飞针走线的绣女已成明日黄花。然而，这种植根民间深处的传统技法精粹与内里蕴藏的巨大产业价值空间却是乡村振兴的重要支点。他们深信，将沉潜乡间与历史最底处的广绣与绣娘们重现人们面前，能唤起黄连乡民对广绣的回忆，更能提醒他们对其价值的重新审视，并通过绣娘们重操旧业和现代化市场经营，定会让这一沉寂几十年的传统工艺获得新生。

于是，该团队开始不知疲倦地筹备与张罗。

2017年，黄连广绣协会在乡民们热烈的掌声与眼噙泪花的绣娘们的拥抱中成立。这个旨在挖掘黄连广绣文化传统和行业历史，研究、传承、创新广绣技艺与弘扬传播广绣文化的组织，吸引着曾剑琴、曾剑仑、蔡少珍等一批刺绣精英和大批爱好者。

曾剑琴、曾剑仑、蔡少珍从事刺绣行业50多年，多次获国家级、省级、市级金银奖。2014年，曾剑琴、曾剑仑负责亚太区经济合作论坛（简称“APEC”）第二十二次领导人非正式会议元首夫人服样设计，后为国家博物馆永久收藏。如今，广东省岭南民间工艺研究院聘曾氏姐妹为“岭南风物——民间文化大讲坛”专家、培训师。2020年，该团队还在黄连设立粤绣（广绣）工作室。曾氏姐妹如今是顺德大良街道仁和社区居民再就业人群广绣培训班全年度的公益老师。

参与《百鸟朝凤》刺绣获得全国工艺美术品“百花奖”金奖的蔡少珍退休后，继续精研技法。其作品《荷塘月色》于2017年第五十二届全国工艺品交易会“广轻工美杯”中获广东省工艺美术精品银奖；《山村毓秀之一》《山村毓秀之二》获第四届佛山中青年工艺美术精品评比大赛金奖；《粤绣·盛放》获2018年“深圳·金凤凰”工艺品创新设计大

向下一代传授技艺（黄连居委会供图）

赛铜奖。

人们从这些妙入针端的刺绣精品中看到传统工艺的出神入化与绣娘们飞针走线中的心静如水，更体会到艺术精品对人们心灵的净化与灵感的启迪。于是，黄连广绣声名鹊起。

（五）传授传统技法　开发巨大价值

几年来，黄连广绣协会吸引着本地居民、女大学生、白领、小学生、留学生前来穿针走线，体会古代少女“新晴昼永，闲相伴，刺绣明窗”的悠淡意趣与“绣成安向春园里，引得黄莺下柳条”的迷人气息，成为她们赠送亲朋或独自珍藏的特别礼物。

此后，她们成立黄连广绣传承社。通过社区的推动、热心名师的传授、社会公益的赞助，她们得以精研技法，手授心传，走进社区与学校，推广针法，传播文化，将精美作品推向市场，全方位体现其传统智慧的现代价值，成为黄连乡村振兴的亮点。

在消费日趋个性化的时代，私人订制已成新兴而巨大的市场。坚持手工制作的广绣因其不可重复性与充满个人风格和技法气息，更贴近消费者微妙而细腻的内心需求。正如瑞士独一无二的手表与日本专为宾客制作的寿司一样，独有性是其最大的市场价值。再加上深厚的传统积淀与现代化市场经营，其强大的生命力和深远的市场前景有目共睹。若再与文旅产业相结合，黄连广绣自能成为本地区一个新兴产业。

五、酸梅酱制作技艺

酸梅酱是以盐渍青梅为主料制作的一种酱料，清香诱人，口感甜中带酸，微辣，具备防老化、益肝养胃、生津止渴、中和酸性代谢产物等功效。

早在北魏末年（533—544）贾思勰所著的《齐民要术》中就有如何制作酸梅酱的记载。在黄连，清咸丰十年（1860）建立的恒聚酱园就开始制作酸梅酱。1954年恒聚酱园改名为“天良食品厂”，何泰源从天良食品厂习得酸梅酱制作技艺，并将其传给子孙。今甄添记食品厂所制的酸梅酱即为恒聚酱园酸梅酱制作技艺的现代传承。

酸梅酱制作技艺由原料备置、分选清洗、腌制、浸洗、开水洗刷、热酱、上配料、拌酱、消毒上瓶等工序组成。原材料：新鲜的青梅、红辣椒、生姜、白糖、盐等。先把青梅进行筛选，清洗干净后自然吹干表皮水分，再用盐腌制大概4个多月才能使用。腌制好的酸梅经过浸洗开水洗刷后才能进行热酱、上配料拌酱等工序，酱料制成后经消毒上瓶就可完成。

在黄连，酸梅酱制作技艺历史悠久，纯手工制作，匠心独造，原料真材实料，生产时不兑水，不添加防腐剂和卫生，持证合法生产。酸梅酱制作技艺具有历史学、经济学、美食学、营养学等学科的研究价值。

酸梅酱制作技艺坚持用料天然，原汁原味。但现在社会的发展，尤其是添加剂在现代食品中的应用，已改变许多传统制作工衣，酸梅酱制作技艺也在其中，能不添加食品添加剂的酸梅酱制作者确已凤毛麟角。

为进一步传承与保护黄连酸梅酱，深入发掘这项传统文化活动的内在价值，勒流街道黄连居委会在顺德区文化广电旅游体育局、勒流街道宣传文体办公室等文化主管部门的指导下制定了五年保护计划，如完善酸梅酱制作技艺的资料档案收集、建立酸梅酱制作技艺展厅等，方案切实可行，将推动黄连酸梅酱制作技艺的发展与繁荣。

六、黄连传统推拿功法

黄连古法推拿养生技艺源于洪拳与中医理论，以推拿为主，是一项集功夫、养生、食疗、古方等于一身的传统技艺，为古法推拿养生技艺民间化与在地化的结果。

黄连古法推拿养生技艺最大的特色是注重手法，并将武术中的发力技巧、身法、步法，合理、有机地揉和到古法的推拿术中去，是洪拳和传统养生技艺的结合，为顺德区非物质文化遗产。

第六章 历史名人

历史因人物的出现才得以接续，因人物的涌现而充满生动的细节与喜怒哀乐的真实，更因人物的风骨与襟怀令历史散发着荡气回肠的冲击力，吸引着人们走进现场，通过残存的古建筑、流淌的河水、零碎的文献和古老的传说去感悟当时社会的风云激荡或云淡风轻。

第一节 宋元时期

宋朝以前，黄连虽是滩涂一片，但人们已洼地养鱼，岗头建村。因改朝换代，一批英才或征战沙场，或归隐山林，或运筹帷幄、救民于水火，真实地呈现出风云突变时人们的多元价值取向。

一、何道佑：抗击元兵　血染沙场

宋末，益王赵昰在福州登基，元兵挥师进入广东南海、番禺、顺德一带。何道佑捐资支持乡民抗击，更招募装备，准备战船粮食与元兵殊死拼杀，最终战死沙场，后获封为“显宁侯”，为黄连何氏最早出现在史书中的著名人物。

二、梁起：率兵抗敌　归隐山林

梁起，字起莘，号定山，河南汴梁人。南宋咸淳三年（1267）为乡荐，累官至武经大夫，后南来广东，兼团练闽楚兵马，后为中顺大夫、岭南招讨使。其大智深谋，具古代良将风范，后得罪同僚，被解除兵权，隐身民间。

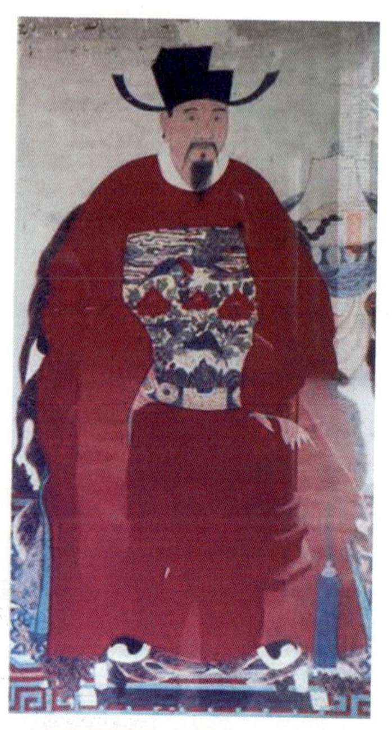

梁起画像

宋末，立志为国分忧的梁起奔赴马南宝麾下，起兵迎驾，后力战势绌，兵败军散，只得再度隐姓埋名。

元朝建立后，大赦天下。梁起与江西籍大儒谢枋得（1226—1289）深有交往。他去信谢枋得，表达不出仕的决心。后来，谢枋得以绝食拒元朝的招募而殉国，一时震惊天下，梁起更痛心不已。不久，海盗蜂起，剽掠乡民，人们央求梁起带兵平定。梁起深知民意，于是挥兵灭盗。朝廷授予他广西滨州路同知的官职，梁起力辞不受，更有“掬心未朽，愿效采薇于箕山，洪运中兴，乞许行吟于泽畔”的文辞，表达不再为官的决心，从此浪迹天涯。其子梁佑少年时代师从谢枋得，勇毅刚强，官封广东宣慰司都元帅，深有乃父之风。后平定匪寇，官任广西。次子梁冀，与元兵奋战，血染沙场。另一子儿子梁桢，元延祐年间（1314—1320）为博罗尉，政绩卓著，去世后，官民罢市，以铭其德。

三、邓佛德：建议归顺明朝　免却生灵涂炭

邓佛德，字慈航，龙山人。少年时与顺德著名诗人孙蕡（1337—1393）同学，博史通经。元至正年间（1341—1368），不任官职，隐居西樵。当时中原兵起，岭南纷乱，东莞人何真率先以军队保护家乡。邓佛德与他判断广东大势，深悟其护乡大义，于是返回顺德，协助黄连人关敏镇守家乡。后来，流匪南窜，终不得进入黄连。明洪武元年（1368）左右，邓佛德上书何真，建议归附南来广东的大将军廖永忠，免得生灵涂炭。何真听从其言，率兵相从。广东兵不血刃，和平易主。后他献策清除卢实善余党，更斩杀敌首，平定顺德动乱，最终官至定远将军。他虽非黄连人，却与关敏驻守黄连，为这片乡土做出深远贡献。

第二节　明朝

明朝，黄连人进入国家管理体制。他们秉承顺德人务实质朴的处事风格与开眼望洋的前瞻目光，宽政待民，减税免赋，为善一方。他们清

正廉洁，刚烈不阿，形成一股凛然正气，塑造着黄连独有的乡风。

一、关敏：勇擒匪首　力战身亡

关敏（1349—1368）。元末，天下纷乱，流寇四窜，土豪峙立，把持各方，静待时变。关敏捐家财、练兵丁、守家乡，民赖以安。明洪武元年（1368），征南将军廖永忠驻兵广州，关敏率众归附，出兵擒获龙潭乡巨匪卢实善、苏世录等。后余党反攻，关敏力战身亡，全家20余人惨死刀下。廖永忠以其忠勇，上奏朝廷。朝廷闻奏，封关敏为“敦武校尉”“兵马司副指挥”，封黄连为“忠义乡”，建“忠义亭”，立敦义祠，每岁秋九月祭祀，表彰其忠义。忠义乡优免差役三年，免税粮一年。顺德著名诗人孙蕡有诗歌赞颂其德：“云旌旗兮雨干将，佑正直兮诛狂奸。”

人们为纪念关敏的义节，特设“忠烈流芳”牌坊，令其故事与精神历代传承

明朝，朝廷颁布以行政法为内容的法典——《明正典》，对各地政府祭祀的正神作系统规定，包括天地、山川、孔圣、先贤、历代先王、

开国功臣等335名，其中广东正神15名。关敏名列其中，成为平民走向神坛享受世人祭祀的正神。其影响力足见一斑。

二、张仲贤：智勇双全　力破敌军

张仲贤刚毅果决，博史通经，深谋大略，为义争先，当年与妻舅关敏同壕御寇，拱卫家乡。关敏去世后，张仲贤跟随南雄侯赵庸讨伐东莞曹真。张仲贤驾舟率先突进，勇夺敌港，破贼前锋，官舰乘潮纷涌，势不可挡。贼众得见，不战自溃。赵庸深爱其勇，更佩其壮，提升张仲贤为白沙都巡检，后派遣他率军力破东莞困局。张仲贤乘舟到海口，贼军深惮其勇，群围共攻。张仲贤毫无惧色，淡定迎敌，力战一天，杀敌数百，最后血染沙场，终平敌患。明嘉靖十四年（1535），朝廷特赐其“忠臣匾”。明万历二十七年（1599），再赐“岭海忠烈”匾和“忠义流芳”匾，将其事迹入志更旌表其家族，立忠臣祠，祭祀规格与关敏一致。此外，张仲贤、关敏、关彦成等获中书省褒赠“忠义乡榜文”。

三、何昌：作育英才　歼灭匪盗

何昌，明天顺三年（1459）举人。任浙江丽水知县时，他深入乡村，询问百姓疾苦，告诫小吏不得舞文为奸，百姓得闻，无不欣悦。3个月后，因母亲去世，何昌辞官归里。明成化年间（1465—1487），改任丽水分邑宣平县。他“不矫不刻，开诚布公，一如丽水之政，期月之间，政平讼理，升温甲于一郡，更获‘请不求知，志惟务苦’嘉誉”。

宣平县曾建学宫一座，但未臻完善。何昌倡民以义，巨室大户，立即积极参与。不久，殿宇宏博、学舍精致的学宫焕然一新。公务暇余，何昌登台讲座经史，“考其优而策励之”，一批才俊金榜题名，文风大振。

宣平当时有大盗横行，为害闽浙。何昌派人密跟远随，周密布置，最终寻获盗匪。民众得闻，奔走相告。不过，后盗贼越狱，逃去无踪。民众恐慌，寝食难安。何昌又设计布阵，再捕盗贼，最终除民害，人们拍手称快。

一年，天降大雨，屋倒禾淹。何昌仰天引咎，未请示即开仓赈济，救民无数。上级部门深察其心，未追究。当时宣平县有“银场坑科”这一税赋。何昌以天灾理由上陈，令民众得减一半税赋，深得民心。

在任期间，凡是补偏救漏，何昌全力以赴。他追求政务简约，平易诚信，不添民烦，御物以德，范俗以礼，令民安业兴。任职期满，民众自发请求何昌留任，后何昌引疾归乡。

居乡期间，何昌“素履若寒士，不治生产，一赴乡饮外，绝迹公门”。平时延请名师指点众孙儿，后多成彦才。

何昌当初就读县学，自号雪庵，后改称“见一”，取唐朝诗僧灵澈“相逢尽道休官好，林下何曾见一人”诗意，暗喻自己出尘自洁的远志。父亲、祖父皆有隐德，母亲、妻子贤淑惠慈，故他能精进奋发，以德化民。退休后百姓皆称其为“见一公”。

四、何鳌：洞察时弊　守义持节

（一）勤敏苦学　锤炼性格

何鳌，字子鱼。少年时，何鳌在父亲指导下识文断字，深研经史，更以古人“三到”方法令其口诵心记，熟读精思。他上午到塾馆，傍晚归来，父亲教以圣贤大义，令其少立大志。何鳌性情峻急，其父力斥其非，令其渐收本性，刚柔并融。

何鳌母亲自小熟读诗书，通大义，性慈惠，无论寒冬酷暑，入夜必织布其旁，相伴读书，深夜方息。她常说：“小孩不成大器，皆因母亲屡谅其过，令父亲不知缘由，我从不如此。”可见母亲教育的重要性。

（二）力击顽匪首　上书御外侵

明弘治十七年（1504），何鳌中举人，明正德二年（1507）中进士，出任浙江庆元知县。此处为浙江福建交界处，深山连绵，民风彪悍。地方豪杰手握县中官吏把柄，令他们不敢轻举妄动。何鳌就职后，设计捕杀匪首，余党星散。不久，何鳌升为监察御史。

当时葡萄牙人剽掠商旅，夺食小孩，民众闻风丧胆。他们还在广东一带筑居房舍，以作久居所，平时横行无规，令人侧目。

何鳌上书说："葡萄牙人最凶滑，兵器先进。"前一阵子大船突入广东省城境内，炮火震天。驻守各处的士兵横行无度，若今后任其往来贸易，必争斗不已，将成为南方祸害。吴廷举对于外来商船不严加审查，不问何年，来即取货，"致番船不绝于海澨，蛮人杂还于州城"，令其屡获深入国境机会。他请求驱逐潜伏于澳门的外国商人，"禁私通，严守备，庶一方获安"。此时，丘道隆刚刚提交一份奏折，称满剌加（今马六甲）本为明朝封国，后为佛郎机（葡萄牙）侵并，而他们又向明朝申请加封，切不可令其诡计得逞。

（三）志士良策　隐入尘埃

丘道隆，浙江上杭人，字懋之，明正德年间（1506—1521）进士，曾任顺德知县。他为政严厉果断，吏民畏服，后为御史，升南雄知府，迁给事中。礼部认为此二人的报告在理，更因何鳌本为顺德人，丘道隆曾任职此地，深知南方细情，于是在葡萄牙使者到达朝廷后力斥其非。

不过，此时的朝廷早已渐入娱乐至死的迷醉中，对此前葡萄牙侵占满剌加并驱逐国王一无所知。

（四）广东远离祸害　何鳌功不可没

其实，早在明永乐三年（1405），满剌加便向明朝正式朝贡。明永乐七年（1409），明朝派郑和到满剌加赐赠银印、冠带等以巩固国王地位，驻扎军队维护和提升其国际贸易地位，令其迅速成为东南亚最繁盛的国际贸易枢纽。一直觊觎其独特地位的葡萄牙发动战争，占领此国。

不过，从皇帝到各级官员对这一深刻影响国家经济和政治走势的重大事件闻所未闻，后来更热情接待作为侵略者的葡萄牙使者。太监江彬收受贿赂，还向正德皇帝推荐精通外语的火者亚三。堂堂天子竟然以学习外国语为游戏，与他嬉闹逗笑，致使清醒忠诚、从基层一路上来的官员，如何鳌、丘道隆等心急如焚，但又无能为力。高高在上的各级官员丝毫没有觉察其中的隐患。正德皇帝倒是更愿意与葡萄牙建立友好外交关系，对满剌加的申述置若罔闻。直到1521年正德皇帝去世，嘉靖帝即位，才将江彬、火者亚三处死，严拒与葡萄牙贸易往来。因此，史书说："当时广东不被夷害，鳌之力也。"确为允语。

（五）审时度世　一心为民

纵观何鳌的一生，我们看到的是一个审视时弊、挺身守义、不计个人得失的忠臣形象。后来，他出任湖广按察使、浙江副使、徐淮兵备道，推出"驿传约法"，每年节省万两白银。他从沛县到徐州修筑堤坝，延绵百里，从此河道不壅，民安业盛。他后任福建左参政、湖广布政使，任上去世。

五、何鬻：严惩冒名者　为同乡立碑

何鬻，字子时，号悔斋，何鳌之弟。弱冠即有文名，明嘉靖八年（1529）进士。相传何鬻殿试卷有"王默如丝"4个字不合圣意，下降为二甲第八名。任兵部武库主事，督教武校。当时一权贵家人冒名顶替入读其中，何鬻发现后，立即取消其学籍。自此，蠢蠢欲谋私利者只得收敛作罢。同乡人冼文渊去世后贫无可葬，何鬻让当地政府出资襄助。

冼文渊，乐从新良村人，明弘治八年（1495）举人，福建松溪县教谕。冼文渊潜心教育，作育英才。正德二年，知县陈槐与冼文渊主持编修《松溪县志》。他后任福建南安县令，简朴节食，严谨为政，不徇上司。刘瑾横行时，各级官员纷纷奔走京华，大加笼络，私使不绝于道，令过境县邑苦不堪言。冼文渊婉拒来使，不作接待，令他们绕道远行，民众少受其害。平时徭役赋税，他准时缴纳，绝不拖欠，最终为豪强中伤。后辞职归乡，归家6日后悄然去世。

明嘉靖二十四年（1545），御史陈储秀为冼文渊撰写墓志铭，建冢立石，何鬻书丹（书写墓铭碑碣），可见何鬻的古道热肠。

几百年来，顺德祠庙众多,但乡贤祠仅5座，分别是龙涌村祭祀明乡贤冼文渊、林头村祭祀明乡贤梁绍震、鼎新堡祭祀明乡贤梁景行、马宁村祭祀乡贤何彦、平步村祭祀大诗人孙蕡。可见民众对冼文渊的尊崇。

六、何思赞：不谋私利　一心为民

何思赞，字绍襄，何鳌儿子，原名思聪，明嘉靖二十八年（1549）举人，明嘉靖二十九年（1550）进士。为户部主事，曾出守梧州。练达有政声，民众深感其德。后来，梧州百姓建生祠铭怀其德。

明隆庆元年（1567），何思赞为福建盐运使。他廉洁自持，从不谋私。商人贿赂，从未收取。3年任职期满，得诏书，上有“清修励俗，明察烛奸”8个字，高度概括其德政，后晋升为太中大夫，赠三代。何思赞性格耿直，不染俗尘，更耻于阿谀奉承，后辞职归乡，优游林下。他曾建筑义仓，以备岁荒，乡里称善。其弟何思存娶南海大学士方献夫女儿为妻。

方献夫（1485—1544），南海丹灶人，聪颖敏慧，勤学不辍，明弘治十八年（1505）年中进士，年方20岁，后为翰林庶吉士。他历年升迁，后官至吏部尚书、太子太保、武英殿大学士，世尊称“方阁老”。

何思赞妻子为大学士梁储女儿。梁储（1451—1527），今南海桂城人，明成化十四年（1478）进士，后为华盖殿大学士、太子少师，出任内阁首辅。明正德十四年（1519）授特进光禄大夫、左柱国。

其子何崇咨，娶南海状元伦文叙女儿。伦文叙（1467—1513），今南海石湾镇人，为翰林院编修。

何思赞儿子何会，字廷礼，号雪峰，明成化十年（1474）乡试举人，江西临川县学教谕，国子监典籍，后为池州通判。退休后，不御外事，精心教育子孙，赋诗为乐，其中“云淡云霄大中看，人在菊松深处间”，折射出其淡雅飘逸的风骨。

七、何宏：公正无私　减民负担

何宏，字道充，明正德二年（1507）举人，江苏通州学政。他平淡和易，内具气节，致力于教育，勤俭无私，官民评价殊高。当时巡抚派发赈济粮食，何宏派其弟子作监督。弟子说：“我一生深受先生教诲，我的工作必定无私利夹杂其中。”可见何宏的风骨与社会影响。他后任职江苏六合县。此处为各县交汇处，民众须供给各种额外负担，苦不堪言。何宏精心谋划，令徭役均等，释民劳困，深得民颂官赞。他更以勤政声闻京华。后升任南江西道御史，任江西德安知府。

八、何功右：孝敬母亲　名闻乡里

何功右，字元里，何道佑后人。奉母极孝，早年继承父志，潜心举业，后见父亲遗书，知母不易，于是绝意科举，专心侍母。每逢母病，何功右必亲奉汤药，不辞劳苦，称孝乡里。某年大旱，母亲将久藏不舍的存款让何功右资助困顿乡亲，他随即应诺，出门济困。

一夜，夜归的何功佑偶遇盗贼。他非但毫不惊慌失措，相反镇定自若，晓以利害，令他们豁然顿悟，痛改前非。何功右家有老牛，一天忽然跪拜不起，人们又见庭中有灵芝甘露，都认为他孝感天地、神降祥瑞。明万历二十五年（1597），御史何会得闻此事，表彰其孝。何功右更以忠孝入祀乡祠。

九、傅容：秉笔太监　恭谨忠朴

太监傅容是黄连古老的传说人物。500多年间，高大的石碑、沉实的巨龟、精美的雕刻、工整的文字、古老的传说、模糊的事迹，以及因其身份而难以畅言的评论，令他与这片肃穆的古建筑成为黄连谜一样的历史遗存。清晰梳理其人生经历与为官为人后，一个真实、沉默但坚持原则的乡人形象逐渐浮现出来，改写了人们对古代太监的概念化认知，更让人们通过对傅容的剖析，对历史与传说、戏说与正史获得更清晰而理性的分辨与认知。

（一）少年入宫　脱颖而出

傅容（1438—1511），黄连乡黄岸基人。7岁父亲去世，独与母居。1450年，黄萧养军队转战各处，傅容母亲于乱兵中去世。随后，兄弟5人相继沦殁，剩下举目无亲的傅容流离失所，13岁（1451）入宫为小太监，后入内书阁读书。

内书阁为明朝特设机构。明朝精选10岁以下小太监由翰林学士讲授启蒙读物、四书五经、太监戒谕，学习皇帝批示奏章的批红。傅容远超规定年龄，但他脱颖而出，应得益于其聪敏明慧和厚重朴实。

明朝，奏章呈送皇帝前，内阁学士以批阅建议书写票签上，随奏章上呈，称“票拟”。清朝设军机处，重要奏章改用奏折，票拟渐废。

所谓“批红”，就是皇帝在票拟上以红字作批示。明朝中后期，皇帝大多荒废国事，批红由太监代笔。他们需苦学批红技巧，以备日后大用。因此，粗通文墨、进退如仪、心怀远志者分外珍惜，勤奋聪颖者争取机会监典簿、掌文书，出人头地。

1457年，傅容以“能书”入司礼监任“笔札”，即整理、抄写文卷的人员。此时，他才19岁。

19岁，当时许多乡村男子还在攻读诗书或放牧田畴，而傅容却已在森严的太监系统中严谨而顺利地完成着各种严苛残酷的规定程序。

司礼监是明朝24个宦官机构之一，是官宦权力的关键部门，与内阁双峰并立，为皇帝的秘书机关。明朝，内阁负责处理外部事务，即官员的奏章审议，司礼监则主管皇帝对奏章意见的批示。可以想象，傅容在等级森严又没有任何背景下日夜苦练书法、攻读典籍、熟记制度、研究条款、揣摩世情，最终脱颖而出的情景何等艰辛。他更以此为突破口进入其他太监难以进入的上升通道一路向前。而他超人的勤奋、天性的纯良、无限的忠诚、处事的机敏与勤快的手脚成为锐利的竞争力。此时，毫无社会背景的劣势却恰巧成为他得以进入掌权太监们法眼的关键。

（二）忠敏谨决　屡受青睐

明成化四年（1468），傅容擢升为出纳奏章的近身宦官，后转升为印绶监丞。印绶监为明朝24衙门、宦官12监之一，负责掌管古今通集库及铁券、诰敕、贴黄、印信、勘合、符验、信符等。

深藏宫廷内部印绶监的一纸一印、一字一文，事关朝廷要务、皇家中枢，丝毫差池牵涉国家的重大变动、社稷安危，责任重大，极需性沉稳、德醇厚、精细节、识大体、处事机敏、严守原则者掌管。在低头敛息、来去匆匆的太监中，傅容再度脱颖而出。此时，他25岁。

印绶监丞有七品到五品不同级别，但25岁就可为12监之一首领，可知他平时业绩的卓著和皇帝的信赖。

傅容很幸运，他侍奉的明宪宗朱见深在位期间（1447—1487）虽非励精图治、奋发向上，但以李贤、彭时、商辂等清正名臣入主内阁，致力于推动社会发展，令整个社会渐入清明时代，傅容也得以专心工作。

1475年，朱佑樘被册立为太子，明宪宗为他选择端“谨通经术者”，傅容再度进入皇帝视野。皇帝令傅容侍奉左右，担任“纪事奉御”，即御前服务。此职为内仕廷官，后扩展为纪事司。这一年，傅容37岁，正值最成熟稳重又散发着生命活力与充满理想的中年。

不久，傅容升任典玺局丞进局郎。这是掌管太子印玺的官职，地位最为崇高。其主官为局郎，次官为局丞。权高任重的傅容再次获得皇帝对他的充分信任。1487年，朱佑樘登基，为孝宗，即弘治帝。他马上升傅容为司礼监太监。

（三）维护皇权　幕后力量

明正统年间（1436—1449），司礼监与内阁双峰并峙。司礼监太监与内阁首辅权力相埒，但内阁的票拟结果要仰仗内监的批红，导致司礼监实际权力远远高于内阁大臣。司礼监太监的批红实则牵制、把控、监督着内阁与整个封建行政机构的组织布局与运作模式，确保皇权利益的完整与皇帝意旨的正确表达。

不过，一旦遇到利欲熏心的司礼太监，后果不堪设想。历史上也出现过王振、刘瑾、冯保等权倾于世令天下黑白颠倒的司礼监掌印太监、秉笔太监。弘治帝敦厚仁宽、简朴淡远、勤于政事，常与群臣商议政事。他提拔贤臣、抑制宦官，令国家渐渐繁盛，百姓安居，史称

“弘治中兴”。作为秉笔太监，傅容默默维系与坚守着皇权的独有权威与皇家威严，平衡皇帝、内阁大臣、各部太监错综复杂的关系与利益，成为“弘治中兴”背后一股不为人知的沉默却坚强的力量。

（四）邀请丘浚　完成碑记

1491年，傅容请求丘浚为其父母合葬墓撰写碑文。

丘浚（1421—1495），字仲深，海南琼山人，明朝大思想家、政治家、经济学家和文学家，为明朝“理学名臣”与“文臣之宗”。《四库全书总目提要》说：“濬记诵淹博，冠绝一时，文章尔雅，有明一代，不得不置作者之列。”

丘浚平生爱恨分明，性格峻急，不染俗尘，常因据理力争而不顾他人情面。面对傅容的请求，他却呈现出引人深思的一面。

从丘浚碑文的记述中，我们可看到600多年前两种权力下极为微妙的人性互动。一位是礼部尚书，另一位是司礼太监。按级别，傅容远远高于丘浚；但从社会清雅地位而言，宦官属于人们不屑的群体。权倾天下的司礼太监却请求文名满天下的前翰林学士、国子监祭酒撰文一篇，彼此的推拒与恳求实际上是两种力量背后彼此的远离、对抗、拒绝、权衡、折中、妥协、融合。因而，丘浚在文中讲“予固拒而再，公恳求无已”，推让与坚恳中，实际上是丘浚内心的极不情愿与傅容毫不退让的恳求形成冲突。

然而，一来二去的再三退却后，无路可退的丘浚再往深处想，禁不住念及少年丧父母兄弟、长大后无亲可祭的孤清独绝，且一直勤恳为事的傅容“孝念笃而请事切”，只得发出“曷容默哉”的感叹而挥笔疾书，实现了傅容的心愿：“某也幸与先生同出岭南，敢借重一言，一位先人留骨之茔，俾刻之石，树之墓道，垂示后人，使吾乡里之人，知此为吾傅氏先茔，勿剪勿伐焉，实大之幸事也。”

面对一人之下、万人之上的傅容，同朝并立、闻名天下的丘浚下笔不见奉承，相反，笔笔严谨，严丝密缝，对傅容父亲的评价仅是“醇厚仁恕，为乡善士”八字，而评价傅容也只是“兢兢谨悫，惟忠惟孝”

八字，可谓不偏不倚、中规中矩。后来，或许他觉得笔墨过于拘谨，于是稍稍宕开笔墨，讲傅容“气质魁梧，性资仁厚，受先帝之付托，为今上之委任，守法奉公，不敢少有恣肆”。从此文中，可知傅容身材高大，气质浑朴，不似人们心目中太监的獐头鼠目、谄笑胁肩，相反，更多的是沉雄、宽容。而“仁厚”二字将傅容与父亲内在的道德脉络轻轻拈出，隐隐道出其天性的淳朴仁慈，也暗暗提示自己所撰人物端属善类。同时，对傅容行政成就一字不提，以免日后翻云覆雨的朝政变幻殃及他自身与家人。

丘浚在政治清明的明弘治年间仍保持着来自内心最深处的谨慎与警惕，其政治禀赋可见一斑。

（五）谢宇书文　东阳篆额

明朝初期，朱元璋严格限制内宦外官交集，避免内宦干政，更规定：“凡诸衙门官吏，若与内官及近侍人员互相交结，漏泄事情，夤缘作弊而符同奏启者，皆斩，妻、子流三千里安置。”因此，官员都力避与宦官产生密切联系，但宦官在历代皇帝的纵容下，早已轻易打破朱元璋的戒律，进入行政体系中。官员们也在彼此深度合作与私下交往中，渐渐对部分德纯品粹的太监产生新的认识与理解，形成愈发深厚的特殊感情。

傅容作为太监首领，虽然一生谨慎谦朴，但是身处权力最核心的身份，让天下相随追逐者不计其数。不过，他在为父祖撰写碑文时，只恳请湖南衡阳大书法家、工部右侍郎谢宇（？—1493）书写碑文，李东阳（1447—1516）篆额。

谢宇，字伯宽，湖南衡阳人，早年为国子监生，后为中书舍人，此时担任工部右侍郎。傅容看中的就是他的书法地位。作为工部右侍郎，谢宇无法推辞。

李东阳此时为左春坊左庶子兼翰林院侍讲学士，书法、学问领一代风骚，是茶陵诗派核心人物，更是突破馆阁体书法的关键人物，尤以篆隶独具风神。傅容倚靠的正是他的文化成就与社会号召力，还有他一生不与宦官交恶的人缘，因而独请李东阳篆额。

文章、书法、篆额三者皆为当时泰山北斗式的人物，可见傅容的眼光与书法涵养，也可见他一默如雷、一言定生死的微妙地位。

李东阳为傅容所书碑石题篆

（六）功成身退　清白人生

明弘治十八年（1505），正德皇帝登基。傅容上书请求退休，后傅容推荐比自己年轻4岁的郑强出任司礼太监。正德皇帝从其请，可见他在当时的分量与地位，也折射出傅容对“一朝天子一朝臣”的深刻理解与对权力利弊的清晰认识。

躬奉期间的傅容恭谨忠朴，一丝不苟，深得皇帝信赖。在明清历史、人文笔记中，从未见文字对其贬斥，难能可贵。

1511年，曾侍奉正统、景泰、天顺、成化、弘治、正德六朝五帝的傅容去世。按明朝惯例，太监去世后多按级别享受不同待遇。级别高者，皇帝必赐钞厚葬，并命高级官员处理后事。一批大学者都受命或请托撰写碑文，如张居正、李东阳、杨一清、刘健等，无一例外。傅容为司礼太监，位高权重，吏部右侍郎罗玘受命为其撰写墓志铭。

罗玘在《故南京备守司礼太监傅公墓志铭》中讲：“正德六年春三月十日葬南京备守司礼太监傅公于昭功祠之阴，永宁寺之右，曰昭功、曰永宁皆上宠公所赐额也。”

罗玘（1447—1519），字景鸣，号圭峰，人称“圭峰先生”。罗玘一生刚直不阿。李梦阳受诬入狱，众人深知其冤，无人挺身而出，代为申辩。罗玘不顾安危，力辩其白，令其得以远离祸害，朝野称颂。李东阳在刘瑾横行时期忍辱负重，左右逢源。罗玘因其所荐得以步入仕途，却深觉其首鼠两端，为事虚与委蛇，遂挥笔去信，力斥其非，更断交不往。刘瑾引诱皇帝不务正业，罗玘愤然上书，痛斥其非，言辞激烈，追寇入林，朝野震动。作为“文章国学无双士，胜似京都第一人”的文章大家与正直官员，罗玘秉承皇命为傅容撰写墓志铭、神道碑。从碑文记叙中，可知傅容平时低调沉稳，从不言人非；虽皇恩浩荡，封赐不断，他却从未自喜，反而如履深渊，更谨小慎微；平日为人排忧解难后，从未略见得意。

从罗玘的记叙中，可知傅容曾为宪宗茂陵、英宗懿妃金山督促工程，后又为永康公主、长乐公主办理婚事，因有条不紊，皆大功圆满，深受皇帝嘉赏。

从碑文中可知二人平时交往不多，傅容为人处事却深为人知，也反映出他令人尊重的人品与道行。

此外，明正德二年（1507），广东布政使司左参政翁健之为方便傅氏族人扫墓，在其家族坟地特设小桥一座，称“广孝桥”。600多年过

记录傅容拥有田地细节的碑文

去，如今红砂石桥墩仍在，硬木板桥面犹存，默默陪伴着家乡小河缓缓东流，一如傅容在森严的大殿里那高大却沉默的背影。

本是顺德乡村的普通小孩，却因一场动乱而令人生轨迹发生意想不到的重大逆转，又因其沉静笃实、机敏聪颖，入读内书堂以其勤勉忠贞获得同事与皇帝的认同与欣赏，在谨慎、勤快、敏慧、机变中不断升迁，更在明朝宦官无法无天的大环境中惕警自励、不苟私利、默默坚守、为帝分忧、为民谋利，其明净内心汇成一股汩汩清流，缓缓流入明朝中后期这段历史长河中，为后世回眸这段历史时增添一丝人性的光芒和人间的温情。

第三节 清朝

清朝黄连英才传承明朝清风，不仅廉洁贞刚，一文不取，且惠政施民，全心为众，不少还致力于乡务，赈济穷困，有兼济天下的博大胸襟。

一、梁成之：慈孝奉母　作善乡里

梁宗玉为梁起三子梁桢的儿子。元末，梁宗玉娶关敏小妹为妻，后关氏家族将海滩余地赠予宗玉开族建村。从此，梁氏长居黄连。

梁成之，字文升，号兼善，梁宗玉后代。梁成之少年丧父，专心侍奉母亲。母亲久患目疾，梁成之伤心不已，日夜落泪，后以泪水清洗母亲双眼。14天后，母亲双目竟痊愈，乡里称奇，人们称他为“洗眼秀才”。

清康熙五十二年（1713），黄连一带饥荒，梁成之在宗玉祠为乡中贫困者赠米，平时行为不检者不得获赠。他亲自到安贫乐道的年老者家中赠送大米，更设粥棚于道，让乡中或途中行走者得以食粥存命。平时乡中偶有纷争，他都以言相劝，语言温和，义理兼容，顿令人仇恨冰释，乡人称善。其子为清乾隆年间（1736—1795）举人，孙子梁兆榜为庶吉士。其族人梁家隆卜居逢简，为诸生，

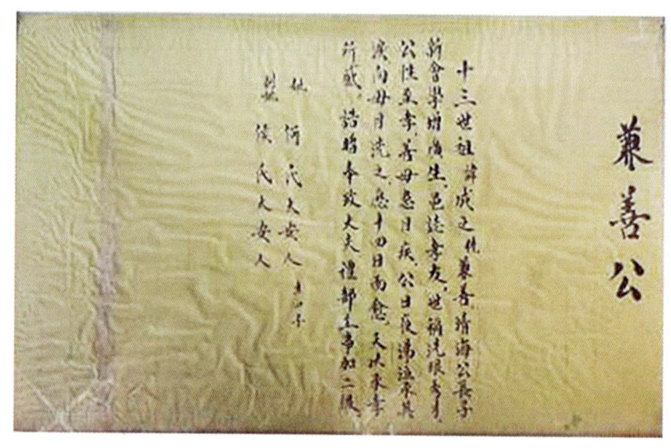

“洗眼秀才”的历史记录

行善不怠，深得父风。清乾隆八年（1743），农田歉收，他捐谷二百石以赈济饥民。平时，梁成之喜捐款赠米，称善乡里。其堂兄梁时发，为岁贡，年高学深，乡人尊崇。其族人梁彦，以文名称乡里，久居乡中，专心作育族中弟子，所得盈余，皆赠以贫困者购地买田，更资助族中文士攻读。几代梁氏族人潜心教育，作育英才，为善乡里，渐成为乡中作福施惠、崇德尚文的大家族。

二、梁兆榜：清除蝗害　军不扰民

（一）

梁兆榜，字尺波，又字鹤圃。清乾隆十二年（1747）举人，清乾隆十六年（1751）进士，后改庶吉士（庶吉士语出“庶常吉士”）。清雍正年间（1723—1735），3年选拔一次，由皇帝主考。庶吉士实践年限为3年，3年会试进行会考，称“散馆”，成绩卓越者留任翰林，称“留馆”。其他则到六部任主事、御史或任职地方。

（二）

梁兆榜散馆后到盐山（今河北沧州）任县令。此处大户豪门非法牟利，许多人拒缴税赋长达10年。他们依靠府中胥吏，上下其手，中饱私囊，致使财政亏欠。梁兆榜到任后，秘密逮捕库银小吏，众人风闻，心中恐惧，但心存侥幸，仍作奸犯科。梁兆榜顺藤摸瓜，发动群众检举揭

发，令污吏不敢再轻举妄动。

一年，盐城蝗灾，上级前来督查工作，梁兆榜正好卧病在床，令仆人前去相迎。上级官员得知其不良于行，安慰他静心养病。梁兆榜说："我总得要亲身下田，督促工作。"于是，他令人将自己绑在轿中，前往督促。他来到田头，但见蝗虫铺天盖地，禾苗因人们捕蝗而践踏殆尽。梁兆榜痛哭不已，说："上天要惩罚我，何必连累民众？"众人闻得，潸然泪下。随后，他来到刘猛将军祠。拜祭后，他作揖禀告："阁下职责是治理蝗虫，如今我们相约为盟，若蝗虫不去，我就罢黜您，让您无法享受祭祀。"

神奇的是，次日蝗虫顿减，再一日，竟踪影全无，秋天还收获丰盈。人们无不称奇，都说义感天地。梁兆榜在盐城为官5年，城中奸狡者见无利可图，纷纷离城远去。

梁兆榜故里旧墙

此外，梁兆榜平时对待死囚仁至义尽。行刑前，他都问仍存忧愤否，有何嘱托。若无，他才批准棺木入殓，家属感恩戴德。

（三）

一次，新任太守处事失当，梁兆榜并不阿从。太守怀恨在心。后在公宴上，太守恶语相向，梁兆榜忍无可忍，讲："大人切莫如此，士可杀不可辱。"太守自知失礼，连忙道歉，但仍怀恨在心，但终其任也无法寻得梁兆榜把柄，无奈作罢。

梁兆榜政绩与清誉日重，获荐吏部任客司主事。他遇事识大体，议论允当，理据充分，不失和气。

盐山民众北上京城，以酒果相献，一年多次，令其名声闻京华。后来，梁兆榜升任长宝道长官。此时，清军取道湖南远征缅甸，梁兆榜负责军需供应。他力求军不扰民，且严禁贪污，力减浮费，令军民相处，彼此相安。

（四）

梁兆榜处事公正，待人以诚。当时茶陵知州戴保豫督修州城完毕，按规定，梁兆榜须亲自验收。但他深知戴知州平时一丝不苟，此时，他也忙于另一要事，于是仅听汇报，签名呈报。与梁兆榜素来不和的同事马上举报，诬陷他偷工减料。朝廷得知，立马派来专案人员清查账目，发现分毫不差，工程质量也全部过关，于是重斥举报者。但梁兆榜也因工作不细被贬官边疆。他深知有愧，坦然受罚。一年后，瘴气夺取其生命，闻者痛惜。如今，在茶陵县故城，仍存“乾隆甲申城圮过半，知州戴保豫修之”的记录。我们能从中读出那段令人感喟的历史。

梁兆榜善作诗歌，精通音律，著有文集二卷、诗歌集三卷、《战国策论》二卷。

三、梁寿昌：镇守家乡　抗击来寇

梁寿昌，字言君，清嘉庆十三年（1808）举人。其醇厚善良称乡里。嘉庆十四年至十五年（1809—1810），张保仔南犯黄连。他与贡生张圣昌等申请军队设防海岸，连绵几十里乡村联防共守。谭义等地也聚集乡中壮丁筑建炮台，与黄连互为犄角。龙山、勒流等地也有壮丁前来襄助。张保仔三入黄连皆无功而返，从此不再对此地虎视眈眈。

“文魁”二字道出梁氏族人当年科举人才的鼎盛

四、梁森：精明强干　敬送雅乐

梁森，字掞庭，梁兆榜从弟，主管浙江嘉兴县，力清漕运积弊，绝去浮财，调整资材，力求公平合理。他判断公案严明快捷，节民财力，后为盐运副使。乾隆皇帝南下，驻足西湖，梁森负责举办梨园雅乐。他重金聘请当时大学者王文治撰写歌颂圣德的《三农得澍》《龙井茶歌》，融入浙中民生故事。其间，正巧乡村荒芜处寻得苏轼马券石，宰相王杰将拓片上呈，乾隆皇帝深赏大悦。后任职柳州。他上呈雅乐一事，在族中传为佳话。后来，族孙梁廷枏（1796—1861）一直以此为荣。他深研乐曲，著有《藤花亭曲话》，更撰写《江梅梦》《圆香梦》《昙花梦》《断缘梦》4部戏曲，史称“小四梦”，为近代戏曲大家。

清末大学者、伦教人梁廷枏为梁氏族人题写的赞语

如今，在静叟梁公祠内的众多先祖画像的题词，就是这位大学者梁廷枏的笔墨。梁廷枏为戏曲家，著有《藤花亭曲话》。他研究历史，著有《粤海关志》《夷氛闻记》等。他曾任学海堂学长，越华书院、越秀书院监院，曾协助林则徐虎门销烟，是开眼望洋的第一批知识分子。

五、梁有成：韩山讲学　作育英才

梁有成，字夔谱，黄连人，寄居中山。清同治三年（1864）举人，设学授徒，精育英才，曾主讲潮州韩山书院4年，渐改学风。后积劳病逝。人们铭怀其德，将其奉祀书院中，配享韩愈。韩山书院为潮州古老书院，始建于宋元祐五年（1090），“昌黎伯庙”，祭祀韩愈，历代主

古老的巷陌中传承着绵绵不绝的古老气息

讲俱为博学大儒，如翁廷资、丘逢甲、吴道镕等。得配韩愈，足见梁有成功绩与品德。其子梁启熙为清光绪九年（1883）进士，曾在湖南平江县任职。

六、关文阶：潜心公益　造福乡里

清光绪二十年（1894），关文阶与何竹云、梁炘常一道倡建寿仁善堂，致力于施医赠药、送茶、赠棺赈饥，经费由善信捐赠。当年西市康济义院经费由寿仁善堂调拨，默默造福乡里。

散布各处的书室、家塾为乡村增添淡淡书香

第四节 近现代

从清朝到民国，再到中华人民共和国成立后，社会的变迁不断改变着人们对自我价值的设定与人生走向的设计。黄连英才朝着不同领域锐意挺进，成就瞩目，使近现代黄连历史成为一片青苍翠碧的芳草地。

一、何磊：岭南名画家 承前更启后

（一）名师指点 一日千里

何磊（1916—1978），原名侣纪，字汉明，黄连深滘村人。自小家道清贫，无资可供涂抹丹青，但他深喜绘画，虽无名师指点，却挥笔难辍。15岁时，他在广州陶陶居卖报，得识画家高剑父。

当时名家并不亲授门徒，多先由师兄指点，以观察其可否成大器，再因材施教。在如今广州市海珠区同庆路的画室，何磊在师兄何炳光指导下拈笔学画，日夜不辍。每周三次，他渡河、越岭，步行20多里（10000多米）到盘福路朱紫街的春睡画院请高剑父指点。一年后，深得画理、勤勉谨谦的何磊得入师门，与关山月同窗。

高剑父深觉“侣纪”与唐宋花鸟名家“吕纪”音同意异，误会易生，遂改作“磊”，意取“光明正大”。何磊极喜此名，更视为座右铭，毕生沿用。

（二）画家高剑父 开创新天地

高剑父（1879—1951），番禺人，岭南画派重要创始人。早年师从番禺大画家居廉（1828—1904），后留学日本，眼界渐开，深爱国外艺术神髓，决心改变中华画作传统。后入日本东京美术学院深研艺术。他主张融合传统美术与西方绘画艺术，含英咀华，互补长短。

他一生奋力突破传统陈陈相因的窠臼，又吸取西方美术光影、透视、素描等现代性，融汇中西，自成一派。因此，其山水画作深得马远笔苍墨劲、奇雄简朴的意蕴与夏圭水墨淋漓、笔简意远的神髓，又彰显出西方美术独有的立体感与透视感，明丽、大气、干净、活泼，特别是以绚丽的色彩描绘出岭南山水花木的热烈与朝气，令人心悦。而他多以水墨与色彩而非传统线条衬托景象、动物，令其笔下形象呈现出独有的真实质感，引人流连。此外，他常参加国际展览，深得欧美画坛重视，更获意大利万国博览会金奖、巴拿马及比利时万国博览会最优奖。

高剑父在东京时与廖仲恺、何香凝夫妇同居一处，无所不谈。1905年，高剑父在东京加入孙中山创立的同盟会，后组织广东支会，担任会长，还参加了黄花岗起义与光复广州战役。此后，军阀混战，高剑父远离官场，潜心创作，设“春睡画院”作育英才。何磊在其熏陶下，锐意进取，心怀天下，深得恩师真传与器重。

（三）烽火岁月　支持抗日

1938年初，高剑父及弟子迁居澳门普济禅院。临行前，他指定何磊留守春睡画院。年底，广州即将沦陷，高剑父指示何磊远离烽火，南来澳门。于是，他与关山月、黄独峰等经四会、怀集迂回抵达澳门，师生团聚。

尽管并不丰裕，何磊常将薪金里的余款资助当地文化事业，还绘制抗战宣传画，激励中山县敌后武装。一次，家中无画布可用，他撕下被单，将《西行漫记》的中国共产党领导人肖像画于其上亲手相送。1946年，何磊成为中国共产党党员。中华人民共和国成立前，他在香港组织红黄蓝画社，团结画人，开展进步美术活动。

1950年，何磊回广州参加中华人民共和国建设，出任广州人民美术社（原名“南方艺术服务社”，在华南文工团的基础上组建而成）社长。后接上级命令，筹办广东美术学校。此后，他在位于武汉的中南美术专科学校任教。1958年学校南迁，在他的建议下选址广州，整合成立广州美术学院。

（四）岭南名家　桃李满园

何磊作品深得高剑父神髓，工写兼备，点画精妙，精雅秀润，意境深闳。他的小幅花鸟，混融着宋朝花鸟的淡雅与日本画作的纯净，令人爱不释手。他以画虎著名，草泽雄风，夺纸争出，满堂生辉，深得人们钟爱。他更以巨幅花鸟山水、风物旧俗画作，将岭南景物与泥土深处的澎湃生命，以斑斓色彩与热烈气息，含蓄克制却又淋漓尽致地呈现笔下，折射出中国、东瀛、西欧的精神脉络与表现手法，为世人珍重。他与关山月、黎雄才、方人定并称“岭南四家”。

何磊故居的巷道闸门

何磊故居

何磊因长期任教于美术院校，又在广州人民美术社担任社长，其艺术思想与价值取向深刻影响着其学生、同事、朋友，成为现代岭南画派承前启后的重要人物。

2018年3月31日，“香远益清——何磊师生书画作品展”在顺德区博物馆举行。人们用最隆重的方式缅怀这位一生低调、艺高德深的同乡前辈。如今，一座以当年何磊先生日常用品与展品为主体，以精致花木装点的何磊故居已修缮完毕。

何磊充满岭南风格的画作（顺德区博物馆供图）

二、何启澧：推动丝业发展　设立顺德糖厂

（一）推动丝业发展　发展顺德经济

何启澧（1888—1951），号兰生。早年毕业于两广方言学堂，后官费留学日本学习工科。他于民国初年回国，就读北京大学法律专业。

1924年起，何启澧历任孙中山大元帅府法制委员、宝安县县长、广州市土地局局长、广东省政府秘书长。

1934年，何启澧出任广东省

建设厅厅长。他致力于修桥建路，完善水电。当时广州荔湾南岸路远离广州市区，缺电少水。何启澧将广州市区到石路基一带的沿途石路重新修整，遍植树木，接通水电，令这片区域木碧路整，焕然一新。

1935年，广东省建设厅在顺德建立蚕业改良实施区总区。他们努力将缫丝业和丝织品的产品从国外市场转入国内市场；同时，设立示范性新式缫丝厂去改良生丝质量，增加产品竞争力。陈济棠选定蚕丝业最发达的伦教、荔村一带作为示范蚕村，更捐款8000元以作支持，并以自己的名字命名为“伯南中心示范蚕村”。作为建设厅厅长，何启澧不遗余力地完善各种措施与细节。

他们计划建设一家丝织示范工厂，改良农户生产技术，建设缫丝厂、机械制造厂以供应全省相关领域，构成全省丝织业中心。此外，他们还建设村心茶亭、模范小学、电力网络、业余同乐会、儿童游乐场、模范蚕室、大型丝织印染示范工场等，构成一个全省规模的蚕丝生产示范区域。

在此期间，何启澧邀请广东省蚕丝局局长廖崇真到勒流大晚开设一间蚕丝改良所，专门研究养蚕、种植桑树技术，后在桂洲建成顺德丝厂。他们还在容奇设立第一制种场，致力于推广优良品种；同时，在广州仲恺农工学校（1927年成立，是仲恺农业工程学院前身）增设蚕桑系。

1935年，蚕丝局在大良大华丝厂旧址设立改良缫丝厂。1936年，在伦教设立贷款处，协助桑农渡过难关。

遗憾的是，随着国际市场的萧条与战争的临近，他们的梦想与努力都因时局的变幻与人事的变更而梦断难拾。但他们尽力而为，努力挽救顺德丝业的颓势，得以让大多数从事丝业的民众拥有相对充分的时间从泥淖中奋力挣脱，不致血本无归、倾家荡产。他们力挽狂澜的贡献虽不为人们所知，但在夕阳西下中拖出的长长身影，成为那个时代最迷人也令人怆然的历史印记。

（二）设立顺德糖厂　调整产业主体

1934年，广东省省长陈济棠采纳岭南大学农学院院长冯锐的《复兴广东糖业计划》，准备兴建全国第一批现代化糖厂。

何启澧深知顺德丝业的江河日下不可逆转，但顺德经济实力雄厚，民众市场触觉敏锐，产业经营能力出色。于是，在他的建议下，广东省政府在1934年于容奇隔江的霞村（今大良沙头）投资330万元建成顺德糖厂。糖厂全套设备来自捷克，成为国内技术与设备最先进且致力于白砂糖生产的大型糖厂。糖厂预计能日榨甘蔗1000吨，年产糖10000吨。1935年12月投产，为广东省六大糖厂和国内第一批现代化甘蔗糖厂之一。

客观经济效益与政府的有效引导，使乡间桑农迅速调整产业思路，陆续将缫丝厂改为小型糖厂或糖寮。

桂洲、乐从等地一批民营糖厂先后出现，采取现代榨糖技术和设备，为糖业发展注入澎湃的活力与生机。大面积甘蔗的种植，不仅维系着本地村民的生存所需与生活所继，而且因日益增加的蔗糖种植与白砂糖制造使顺德缫丝业从一片哀鸿中逐渐走出，并拓展出一个领域全新且价值可观的产业空间，在烽火连天的抗战期间断断续续发展为顺德另一重要支柱产业。

据统计，1937年，广东省共有民营糖厂52家，顺德就占50家，共有4000余名从业者。它为当时和日后的顺德经济稳健发展奠定了扎实的产业基础，令顺德从丝业一蹶不振的困境中缓缓走出一条生机勃发且市场广阔的道路。1939年，顺德甘蔗种植面积增加到20000亩，年产蔗达9万吨。

在后来的发展中，因不同势力的盘剥，蔗农几乎无利可获，再加上进口洋糖挤压市场，蔗农被迫改种杂粮。但顺德制糖业在此后几十年的自我调适与良性发展中，最终成为广东糖业举足轻重的龙头，更催生出大量相关行业，为顺德后来的经济多元发展奠定了丰厚的产业基础，并积累了丰富的现代企业经营经验。

抗战胜利后，顺德甘蔗种植面积多达23万亩，年产蔗57.5万吨，制糖业最终代替丝业成为顺德的支柱产业。

何启澧从顺德糖厂的项目争取、厂址选定、资金调整、方向设定、后期跟进所发挥的独有作用与动人细节，因时间的远逝而难寻线索。但他在顺德经济转型最艰难的时刻尽力延缓顺德丝业颓势下滑的速度，尽量减弱产生的影响，其中的力挽狂澜与纵横捭阖只在零星的记录中偶露片字。他通过推动蔗糖的生产迅速调整顺德的产业结构，在宝贵的时间差中引导顺德民众迅速自我调整，更令顺德经济从水银泻地般的颓势中得以保存元气，逆势渐上。其中的沧海横流、举重若轻及他对家乡的一片深情，都在顺德产业的顺利转型中有所体现。

1936年他奉调国民政府，任审计部厅长、主任秘书等职。1948年辞官还乡。中华人民共和国成立后，他获选为顺德县第一届人民代表大会特邀代表。

三、卢国：一生革命　鞠躬尽瘁

1924年，顺德县农民协会秘密成立了六区十乡农会（简称“农会”），卢扁任农军联队大队长，卢国（1894—1973）、伍辉任副队长，秘密组织暴动。时逢6月，农军几千人围攻土豪廖禮，反被国民党李福林的军队包围。农军联队因枪械不足，暴动失败，死伤被捕严重，卢扁不幸牺牲。当晚，卢国、伍辉二人及部分农军联队突围，国民党军队连夜追捕。卢国在朋友帮助下划扒小艇到伍地搭途经的花尾渡，远去开平水口的曾正隆风炉店打工，开始10年流亡生涯。

1934年，农会派龙眼（勒流镇下辖村）人李程和陈叙伦找到卢国，让他返回勒流继续参加地下组织活动。于是，卢国回到勒流以开风炉店作掩护，继续地下工作。1937年，卢国参加中国共产党，陈郁就是卢国的入党介绍人。中华人民共和国成立后，陈郁曾担任燃料工业部部长、煤炭工业部部长、广东省省长、中共广东省委书记、中共中央中南局第三书记等职务。。

卢国像

1938—1940年，卢国到香港新界，以风炉店打工者为掩护，担任地下交通员，经常来往于顺德、香港间传递情报。1941—1948年卢国返回黄连后，父子开设两间风炉店作掩护，还经营两口鱼塘，常招聘工人制作风炉，继续地下交通联络。1948年，儿子卢耀参加农军六区区中队任通讯员。1949年，卢国与其大儿子卢耀带领南下大军解放勒流。1950年8月，卢国、卢耀父子当选为顺德县县委委员。后来，第六区区委会成立，黄展平任区委书记，卢国任区委委员兼大晚乡农民协会（简称“大晚农会”）主席。

1953年，大晚农会解散，各片区成立互助组。卢国加入黄连风炉社，60年代退休。“文化大革命”期间，卢国遭批斗。1973年12月，卢国因病去世。1979年，勒流公社三级干部会议，宣布为老党员卢国平反。

四、梁粲缨：拈笔作春花　美号梁芙蓉

梁粲缨，1921年出生于广州，毕业于桂林艺术师范学院。早年以画芙蓉花闻名，清华大学校长梅贻琦博士曾赠以“梁芙蓉”美号。1949年与丈夫、书画家周千秋先生迁居中国香港，1967年移居美国，在中国香港、美国两地创办“国际中国美术院”，传播中华文化。1985年夫妇二人获意大利国立艺术院授予的“奥斯卡文艺金奖”，2001年获美国“中华总会终身杰出成就奖”。

五、周敬文：捐资家乡　推动福利

周敬文（1880—？），15岁远赴日本横滨，为黄连最早的日本华侨。1924年他与友人合资开办“同发”商店，为“同发株式会社”前身，后独资经营，更创办万新酒楼、敬文书林文具店等。周敬文被推选为日本横滨华侨总会常务理事，为日本侨领之一。周敬文心系故里，积极捐资，为家乡谋福利。

六、余家园：一家投身革命　黄连红色堡垒

余家园是设立于清光绪年间（1875—1908）的医馆。早年创始人

余倚盘毕业于广东省博济医科学校，后到美国旧金山深造。他深受孙中山先生影响，后加入同盟会。余倚盘在广州、南海、三水、顺德开设余家园医馆共7家，顺德分馆就有龙江、勒流、黄连3家。黄连医馆历史最长久，故事也最多。

周千秋、梁粲缨夫妇合作绘制的花鸟图（番禺区博物馆供图）

（一）清朝名医馆　秘密联络点

1919年，余倚盘携妻子李乐芝在黄连行医。李乐芝擅长接生、奇难杂症，往往妙手回春。她乐善好施，施医赠药，深得民颂，因排行第五，人称“五姑”。

1940年，中国共产党地下党员李进阶、郑文骥等常在余家园秘密工作。当时黄连遍布各种势力，稍有不慎，后果不堪设想。五姑得知他们的身份，往往细加掩护，令他们毫发无损。余家园渐渐成为中国共产党地下党的秘密联络点和交通站。

这一年，刘向东带领陈启新等一批同志转移到余家园秘密隐藏。因人数太多，五姑租用张家大巷安顿他们。她每天炒菜做饭，安顿三餐，令他们安心工作。后来，郑文骥患病，就在余家园治疗两个多月，五姑细加照料，无微不至，令其安康出院，继续战斗。多年来，作为秘密交通站，一批有志青年在余家园入党宣誓。1949年，余家园秘密建立“中国共产党黄连党小组”。此后，余家园成为顺德与香港中国共产党地下党联系的重要渠道。1952年，李乐芝70岁寿辰，顺德县第六区人民政府特制“光荣母亲”锦旗相赠，李乐芝深感光荣。

余家园

（二）加入革命队伍　一生无怨无悔

余民生自小深受母亲影响，毅然加入珠江纵队。1942年，加入中国共产党。抗战胜利后，他继续革命斗争。1948年，他们的队伍遭到国民党重兵包围，余民生与黄佩兰等退进黄边村，男女分别藏在牛栏中。深夜，敌人包围他们的住所，余民生等人奋勇突出重围，深藏草丛中，后经过激战摆脱敌人，几经周折回到余家园。此后，余民生任教于本地学校，更答应当地豪强免费执教一年，服务黄连子弟，但他秘密安插3名地下党员前来教书，继续发展组织。他更组建篮球队，活跃学校生活。1949年10月顺德解放，余民生作为军事代表接管国民

余民生像

党留下的顺德县卫生院（后为顺德县人民医院）。1953年初，任县卫生科科长与县卫生院院长。1956—1958年，调佛山专署卫生防疫大队任大队长。1978年离休。

（三）投身正义事业　一生奋不顾身

黄佩兰（1923—2018），原名萧淑瑜，中山市员峰乡人，1942年参加五桂山抗日游击队，1943年成为中国共产党党员。黄佩兰在繁忙的工作中积极学习，从未中断，密切联系群众，解决民众疾苦，深得所在地南海南庄上棋村一带乡民信赖。此后，她以此为原点，延伸开发河滘、李滘、苏滘、羊滘、马滘、沙头等地，发动群众，建立识字夜校，组织姐妹会和青年读报组，发展进步组织。1945年，黄佩兰参加惨烈的牧牛沙战斗。在枪林弹雨中，她抢救伤员、运送弹药，其临危不惧的胆略与抗击来敌的气概，深得战士敬佩，还受到上级表扬。

此后，黄佩兰来到广州，住在荔湾区宝源中约45号，到长寿路一间织造厂当工人作为掩护，秘密负责10多条内线，继续进行地下工作。1946年2月27日，国共合作谈判破裂后，白色恐怖笼罩广州。她与余民生经历过因叛徒出卖遭到围捕后机智逃离的险境，但她对党的忠诚从未改变。

1946年，黄佩兰回到余家园，与丈夫余民生一道收集黄连国民党骨干名单和联防队的信息细节，为中华人民共和国成立后的收缴行动提供了重要信息。

1951—1958年，黄佩兰出任包含稔海、扶闾、江义的黄连大乡党支部书记和连溪镇副镇长，发展50多位中国共产党党员。黄佩兰1980年离休，2005年和2015年分别获得由胡锦涛总书记和习近平总书记颁发的抗日战争胜利纪念金章。

黄佩兰一生严于律己。她曾将长辈所赠戒指卖出，以缴纳党费，可见她坚定的信仰。

（四）难忘临时伤兵站的余民生医生

植地庄战斗后，珠江纵队在广州近郊北亭村的石榴果树林里，用竹子和稻草搭起一简陋棚子作为临时伤兵站，收治21位重伤员。这个站由军医余民生医生负责管理和治疗，另有女护士、炊事员、小通讯员各1人。

当时斗争环境恶劣，附近河面不时有日军电船游弋，汉奸也经常出没。为保证安全，白天由小通讯员爬上树顶放哨瞭望。晚上，余医生在河边露宿放哨，或在村里做上层统战和基层群众工作，了解情况，一有敌情，迅速做好应变准备。有一次，日军电船突然靠岸，余医生镇定地组织伤员往树林深处撤退，能行动的伤员自己撤退，不能行走的由余医生、炊事员分别背走，有的互相搀着一歪一斜地走。后来，敌人没有深入树林，约半小时便开船离开，我方也化险为夷，经受了一次生死考验。

部队物质短缺，不能及时给伤兵站补充供应。余医生就到村中向群众借粮借钱，使伤员们得以温饱，从没缺粮或吃稀粥。有的村民偶尔送些鱼虾或田鸡等食物来，余医生总是吩咐炊事员，煮好分给伤员吃，伤员过意不去，劝余医生也吃点。他笑着说：“你们的身子正需要补品，应该你们吃。我不需要补品，吃这些东西，白白浪费了。”他拍着肚皮挺起胸膛对大家说：“我不是比你们都胖吗？”引得大家哈哈大笑。

有一位伤员腹部中弹，肠子都流了出来；大腿和脚部的弹片弹头也要取出来。可是当时既没有麻醉药、止痛药、消毒药，又没有手术器械，真是困难重重。然而余医生没有被困难吓倒，反复向伤员解释并鼓励大家忍痛合作。他用刮胡须的刀片和普通的钳子等作为动手术的器械，用盐水代替消毒药，为伤员施手术。

平时，余医生施手术时，伤员们个个咬紧牙根，含着眼泪忍着痛，谁也没有叫苦，没有呻吟。有些人看着，有些人紧闭眼睛，任由余医生向伤口切、割、钳、挑。余医生满头大汗，不时问：“忍得住吗？歇一歇再做好吗？”伤员们异口同声答道：“你做你的吧！不要管我！”

日子一天天过去，伤员们一个个康复归队。有的伤员伤口还未完全愈合，就申请归队了。但每个伤员都无法忘记余医生，无法忘却治愈自己的伤兵站。

（本文根据梁铁文章整理）

七、周潮宗：爱国华侨　贡献故里

周潮宗（1898—1980），1925年随叔父周敬文定居日本横滨。第二次世界大战后，经营饮食，生意兴隆，担任日本东京的广东同乡会顾问、横滨华侨总会顾问。周潮宗一直心怀故里，爱国情深。去世后，长子周富祺先生捐资助建周潮宗纪念图书馆、周富祺纪念运动场，造福家乡。

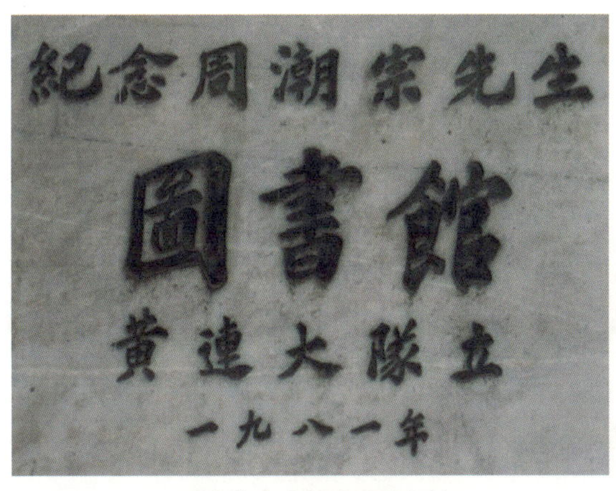

周潮宗先生捐建的图书馆

周氏后人建设家乡不遗余力

八、张敬持：奉献教育　一中校长

张敬持，1923年9月至1924年任顺德一中校长。

九、张兆民：建设铁路　发展经济

张兆民，曾任孙中山侍从，粤汉铁路督长。中华人民共和国成立后，任广东省人民政府参事室参事。

十、何隆章：雪圃学校　美名仍传

何隆章，字雪圃，生卒年不详。毕业于南京陆军（军官）学校，在十六师师长邓彦华部任三十一团上校团长，曾任南海县财政局局长、广东省航政局局长。

十一、张玉声：一生投身革命　推动社会发展

张玉声（1920—1971），1938年在广州新华日报社参加革命工作，1939年参加中国共产党，此后一直献身革命事业。曾在吉林省吉林市、延边朝鲜族自治州、双阳县（今长春市双阳区）、长春市等地税务局职。

十二、何敏：从事地下工作　参加国家建设

何敏，原名何汉生。抗战胜利后，何敏到澳门、香港工作，参加中国共产党地下党组织活动。中华人民共和国成立后返广州，先后担任从化县税务局长、从化县良口公社党委书记、广州知识青年办公室主任、广东省华侨农场管理局办公室副主任等职。

十三、梁自重：参加抗日　保卫家乡

梁自重，民国时期曾任广州市西区、中区探长，抗日救国模范团行动组组长，设计炸死日军军官多名，枪杀日伪省长陈耀祖。回乡后，组织自卫联防队，护卫家乡，创办本乡国民学校。

十四、黄健臣：爱国华侨　热心公益

黄健臣，马来西亚永康保险公司负责人。热心公益，不遗余力，曾任多个慈善组织会长，更任吡叻（Perak，马来西亚一个州）广东会馆会长、中华总商会董事、顺德会馆会长，获吡叻苏丹封为“太平绅士”。

十五、龚毅伯：精通诗书　一门风雅

龚毅伯，青年时代曾师从岭南大儒简朝亮，后在族中开办达观小学。龚毅伯精通书法，曾为南洋多所学校题写校名。每年春节前，在广州设摊销售对联。其子龚仁溥为黄连著名中医。龚毅伯后人多从事教育，一子曾任陈村镇初级中学校长，另一子曾任杏坛伍蒋慧芳初级中学校长、勒流教育办副主任等职，可谓一门风雅。

十六、何永标：投身革命　一生爱国

黄连人何永标，自幼父母双亡，和姐姐一道由外婆带大，并与舅舅一家共同生活。日久天长，外婆和舅舅的家自然也就成为何永标的家。据何永标的表弟梁振添老师回忆：何永标在十七八岁时离家后多年杳无音信，直到1951年，一纸印有中国人民解放军第四野战军司令员林彪、政委罗荣桓签名的“革命军人军属证明书”经黄连乡转到梁老师家中，家人才知道何永标已经参加了中国人民解放军。梁老师接着回忆：1952年，何永标参加了中国人民志愿军，部队出发前，曾给舅舅寄有一信，文中提及以后会少有信来，结果一语成谶，直到现在，舅舅及后人一直没有得到何永标的任何信息。

十七、黄亮儒：投笔从戎　爱国爱乡

黄亮儒（1912—1997），祖籍广西合浦，黄姓为当地望族。他9岁考入合浦德国教会创办的清华高等小学，毕业时因成绩优异而被教会保送入读广州中德中学。他毅然投笔从戎，考入黄埔军校第十一期，从此戎马一生，军旅生涯30余年，1965年因年限退役。

军校毕业后，黄亮儒参加过抗日战争，从基层军官起步，历经排长、连长、营长、团长，到台湾后又入参谋大学深造，直到成为国民党军队的高级将领（副师长）。

据黄亮儒的次女黄宗珊老师口述，黄亮儒夫妇共育有四儿三女。黄宗珊就出生于黄亮儒率部队转战于贵州独山县时期。黄亮儒随部队败退到海南岛时，其伯母（黄亮儒幼时过继给伯父）带着黄宗珊和黄宗珊的一个姐姐回到老家合浦生活3年，后姐姐远赴香港，而黄宗珊则到顺德投奔外婆家，由此落藉顺德。1949年，黄亮儒夫妇携另外5个儿女随国民党军队败退台湾。1965年退役后，黄亮儒到新竹市竹东国民高级中学担任总务主任。他能文能武，多才多艺，擅长书法，喜爱音乐，雅好文学。

当得知在顺德的黄宗珊在师范学校毕业后当上老师的消息后，黄亮儒异常高兴，特地经香港转信给小女儿，勉励她积极工作，努力为国家培育人才。

20世纪80年代，黄亮儒从台湾回到顺德，随黄宗珊一家生活了10多年直到去世。他说：“共产党待我的女儿不薄，我在顺德看到了国家翻天覆地的变化。我的根在顺德，我要在顺德终老。”

黄亮儒在顺德生活期间，遇重大节庆，统战部门的相关人员都上门探望他。黄亮儒去世，统战部门的相关人员参加了他的追悼会。

十八、谭德英：民间厨神　名扬乡里

（一）精心饲养金鱼　巧妙培育豆芽

青年时代，谭德英曾在广州摆卖水产品。大都市的繁华与经济的繁盛，令他深感生计的随处可见与人生的无限机会；目睹海珠桥被炸毁的瞬间，他强烈感受到盛事浮华的昙花一现与踏实生活的举足轻重。

回到家乡黄连，寒素的生活并没有压碎他的内心。相反，见过繁华与幻灭的他更加平和。有时候，直到中午，锅里仍是未见半颗米粒，但他仍意定神闲，踱步乡间。邻居知谭德英家中人口众多，足智多谋的他行走乡间，必是遭遇难事。得知他无米下锅，邻居立马将晚上的全家口粮借给他，但要他答应晚上一定要还救命粮。谭德英一口答应。于是，整个下午，他都到处筹措，晚上及时归还。乡间彼此的纯真质朴，令他深感暖意无处不在。

后来，公社食品出口公司收购金鱼，一条鱼2分钱的收入令他看到了积少成多的未来。于是，他买来金鱼苗，每天勤换水，细观察，还开辟了一个广而浅的水池，既能保持池水新鲜，又能保证合适温度。他更将水浮莲种满水池的三分之一，让金鱼取暖避寒。偶尔，他往水池滴进猪血，增加水分营养。特别肥壮生猛的金鱼成为人们争相研究的对象。生活中的小坎坷，也在点滴积攒的小钱中轻快迈过。

后来，他又培植芽菜。他在每个芽菜缸底下开一个小洞，用小竹篾编成十字形底。每天浇水，让水渗透豆苗后能从缸底漏出。芽菜吸满水分，粗壮肥白，不见杂根，成为市场抢手货。别人还在吆喝摆卖，他早就菜尽筐空，捏着一叠小钱，轻松回家。

对事物细致入微的观察与别出心裁的创造，令他在田间发现无尽的美食，从一无所有中寻找到众多可能性。乡间积淀下来的各种生存智慧，经他挖掘，竟充满意趣，顿令生活散发着无限生机。

（二）摊档运刀如风　公正平和快捷

20世纪60年代初，国家调整农村经济政策，开发农贸市场，养猪业推行“私养为主，公私并举”的方针，生猪派购实行“购六留四”，自留部分可自行处理。一时间民众养猪热情高涨，黄连出现为养猪者卖猪肉的行当。

每天一块半的收入，又让谭德英看到集腋成裘的美景。于是，他加入其中。挥刀如风、分毫不离的技法，肥瘦允当、大小配搭的风格，和善平静、不与人争的性格，令他成为市场抢手的快刀手。他往往在目送手挥、谈笑风生中就将台上猪肉全然卖尽，旁边的摊档还在左顾右盼，满桌未动。公私分明、一文不取的他深得档主的信赖。后来，人们央求他代为操刀，推辞不下的他只好一人负责几摊猪肉，仍然应付自如。生活，也在慢慢积攒的阅历与小钱中变得更加舒适。

（三）妙手烹制烧鹅　皮脆肉嫩闻名

1966年，谭德英开始摆卖烧鹅。他自己筑起小窑，制作煤炭，让儿子谭永强每天骑车到大良华盖路市场选鹅，他就在家中烧好滚烫的开水静静等待儿子归来。每天，他都准时出现在黄连的烧鹅摊上，烧鹅成为渐富起来的人们大饱口福的佳肴。

主张宁缺毋滥的他坚持固定的烧鹅数量，只为大家能吃到肥嫩焦香的烧鹅。因此，他对不同种类鹅只的特性了如指掌，精心研究各种火候和蜜汁的微妙变化。“烧鹅英”的名号流传四乡八邻。

其他村镇慕名前来的乡人拿着大批鹅只准备婚宴，即使早已熄火停炉，得知他们的实情，谭德英二话不说，马上让儿子谭永强生火开炉，从早到晚不歇息，只为及时送上喷香焦脆的烧鹅。其义与仁，深得乡邻推崇。有时候，他带着儿子谭永强到附近村有香港亲戚的村民门口叫卖，往往事半功倍。这种巧妙的市场营销给谭永强深刻启发。

对美食的追求成为他享受人生的最直接途径。凡是乡里最好的时令食材，他都深爱不已。于是，刚出水的鲥鱼、肥美的大鳖、清明的河虾、深秋的鲤鱼，人们都喜欢第一时间送上门。他无不照单买下，从未讨价还价，一来可以与家人尽享美味，二来也是默默回报乡人多年的帮扶。

每年春天，他都在阳台种上几盆菊花，每天施肥剪枝，令其茂盛粗壮。待到深秋菊黄花嫩，他就捕来一篓肥美水蛇，去皮拆丝，放上菊花瓣，撒上胡椒精盐，烹成香飘四邻的“菊花水蛇羹”，邀请亲朋前来一饱口福。他自己只是轻啖几口，笑眯眯看着大家大快朵颐。欣悦，笔墨难言；快意，远胜佳肴。

十九、翁建才：服务西北水利　一心贡献国家

（一）深研技术　精益求精

翁建才（1937—1985），小黄圃人，生于香港。1944年，随父母迁回母亲家乡黄连，以3年半时间完成小学6年学业。13岁到圩上码头记账帮补家计，随后到广州一家小百货店当学徒，业余坚持自学。1952年9月考取武汉水利学校，1955年毕业分配到甘肃省水电局，继转水利水电勘测设计院（简称“设计院”）从事技术工作。1978年晋升为设计工程师、设计队副队长。1981年加入中国共产党，1983年晋升为设计院副院长。多次被评为部级、省级劳动模范和全国优秀科技工作者，获“五一”劳动勋章。30年间，负责或参与勘测设计甘肃省中部严重干

旱区10多项大、中型引水和提灌工程，灌溉面积达100多万亩，被誉为“甘肃省引水提灌事业的拓荒者”。

翁建才精专技术，一丝不苟，力求创新，不断改良。无论是50年代设计低扬程机械灌溉，还是六七十年代推进中扬程电动灌溉，直到后来推进跨流域引水自流灌溉，他都力破陈规，推陈出新。

1965年，翁建才审查当时全国最大的电力提灌工程——三角城电灌技术设计方案，发现总干渠跨10道大沟，施工不易。他经过实地踏勘，精心设计更为合理的线路，长度减少2千米，为国家节省了大量资金和人力。

20世纪80年代初，翁建才负责联合国援建的西岔电力提灌工程。他又另辟蹊径，不断改良，令工程施工快、质量高，受到水电部和联合国粮食及农业组织（Food and Agriculture Organization of the United Nations，FAO）表扬。

此外，对于非设计性的应用技术，翁建才多有研究，并发表《高扬程电力提灌勘测设计的几个问题》等技术论文。

（二）鞠躬尽瘁　英年早逝

翁建才以改变大西北缺水地区的苦旱面貌为毕生事业。每次探亲，他都带上资料、图纸，在亲人家中日夜工作。30年间，他坚持每年野外勘测超200天，日夜不息，工作不止。

1984年8月，翁建才率队踏勘硫磺沟引水工程，宿营地有3个晚上设在祁连山北海拔3500米处。他见帐篷住不下太多人，于是与另一同事蜷缩在车里度过漫漫寒夜。次日清晨，他依旧肩扛器材，领队攀登海拔4152米的冷龙岭。沿途风雪交加，他心跳急促，但仍咬牙坚持。

长时期的超负荷工作，严重损害了翁建才的健康。1985年6月，他到武汉出差，参加水电部组织的《抽水站设计规范》书稿审定，审定结束，突发心脏病，昏迷休克，抢救无效，英年早逝。

1985年7月16日，中共甘肃省委、甘肃省人民政府作出决定，在全省开展向翁建才学习的群众活动。同月，《人民日报》发表评论员文章

《翁建才英名永存》和专题报道《魂系大西北——记优秀共产党员、水利工程师翁建才》，指出：“他身后留下的一眼眼甘泉、一道道大坝、一片片绿荫，是他生命的丰碑，高原人民将永远记在心里。”

二十、蔡任平：久居黄连 翰墨流芳

蔡任平（1909—2006），祖籍龙江。早年就读私塾，后供职于黄连合管会担任会计。蔡任平一生爱好书法，融北碑、章草、行书于一体，沉雄大气，点画精到，气脉流畅，风规自远，为中国书法家协会会员、顺德书法家协会名誉主席、顺德诗词学会顾问。

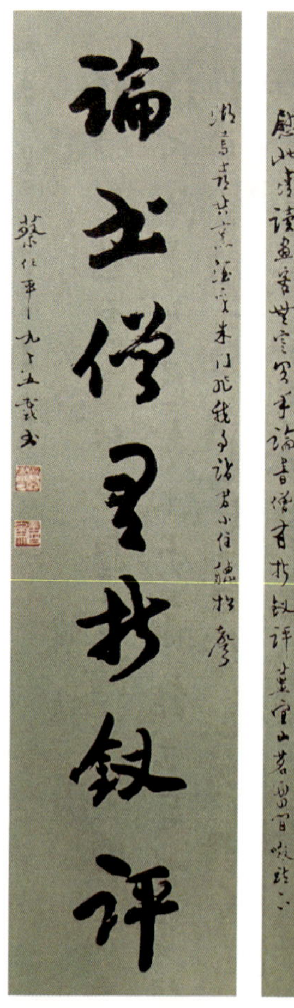
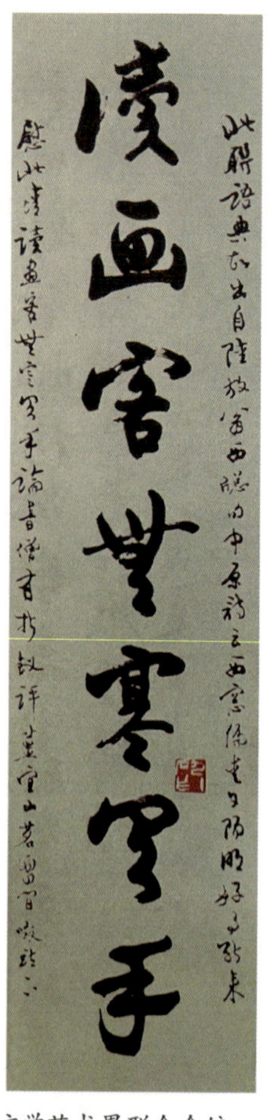

蔡任平书法（出自佛山市文学艺术界联合会编：《佛山历代书法》，岭南美术出版社，2009年）

二十一、梁豪：潜心集邮 大力推广

（一）痴迷集邮 不遗余力

1955年，文化之乡黄连传出一条令人震撼的文化新闻：青年教师梁豪成立全国第一个农民集邮小组——新风集邮小组。新闻一时引起街坊邻里好评如潮。

梁豪（1921—2016），原名梁炯豪。孩提时，梁豪即着迷于父亲的往来信函信封上五光十色的邮票。在好奇心驱使下，梁豪不止一次小心翼翼地将信封上的邮票撕下。为此，他多次受到父亲的责备，但进一步激发了他对邮票知识的探求和集邮的渴望。8岁那年，梁豪上学，对邮票的喜爱与日俱增。他有时连早餐也舍不得吃，将父亲给他的零花钱偷偷积攒下来用以购买邮票。踏足社会工作后，梁豪渐悟集邮除了掌握世界的历史、地理、花草鱼虫及人物等知识外，还可以培养出禅定幽深的情趣和耐性。于是，他开始投身其中。

梁豪的集邮题材集中在爱国主义、国庆周年、青少年教育和军票上。高峰期，梁豪拥有500多本相册的邮票、20多个邮集。1980年9月，梁豪在顺德县邮政局一次就买下每版60枚的猴年邮票100版，足见他投入的魄力和独到的眼光。考虑到顺德潮湿多雨，梁豪将珍贵的邮票寄到杭州市的邮友处让其代为保管。

（二）推广集邮活动　助力文化发展

退休后，梁豪到黄连文化室义务主持日常工作，一干就是30多年。其间，他除了负责墙报宣传、节假日协助组织文体活动外，还开办集邮培训班，更到周边学校帮助建立集邮组织和开展培训活动。

1958年，梁豪参与组织筹办顺德县第一届集邮展览。1981年他参与组织“文化大革命”后全国最早成立的县级集邮组织——顺德县集邮协会，为首届理事会常务理事。1984年6月，他在黄连工农文化室成立我国第一个村级青少年集邮组织——黄连青少年集邮协会，后发展为黄连集邮协会。

1987年，顺德县集邮协会勒流黄连分会和黄连青少年集邮协会被全国集邮联会评为“全国集邮先进组织”，梁豪作为代表赴北京出席颁奖大会。2008年，梁季彝纪念学校获颁“广东省集邮示范学校”称号。这些成绩和荣誉的获得，离不开梁豪的辛勤付出。梁豪创作的邮集《大象》参加2005年广东省集邮展览（专题类）获铜奖，《戒烟》参加2012年广东省集邮展览（专题类）获银奖。

2015年，黄连迎来新风集邮小组成立60周年庆典。黄连集邮协会共向全国县级以上集邮协会发出约1600份请柬，到会的嘉宾有1900多人。

在这个激动人心的时刻，中华集邮协会会长为庆祝大会宣读贺辞，兴奋的梁豪情难自禁地从轮椅上站起来。

二十二、张介：但开风气不为师　化作春泥更护花

（一）

张介（1926—2007），出生和成长于广州市荔湾区。

自幼受学养深厚的父母熏陶，张介无法割舍对艺术的执着追求。因而，即使是身处逆境，他压而不折、弯而不曲的精神力量，如雪底春芽，让人感悟到其生命的顽强与精神的坚韧。他能在沉寂的岁月中默默寻找生命与灵魂寄存的一片碧空，支撑着其生命力如雪后翠竹，青碧如春，最终将其人生轨迹与笔纸水墨一道，化作一个时代的深刻印记与生命思考的精彩注脚。

张介的水墨鸡图是漫长劳作岁月里尽观群鸡百态后，在喧闹中愈发深刻领悟到另一个生命世界给予的微妙而深刻的启迪。

张介将德禽的稚拙天然化作燧石一块，不断击划创作灵感的巨石，在漫长岁月中独挥秃笔一管，去划出愈发明净而悠远的一片生命碧空，最终点燃熊熊的生命篝火。因此，越到创作后期，他所画的群鸡独禽越发意趣万千，如凤凰涅槃，长鸣九霄，成为顺德当代美术发展历史上充满生命厚度与质感的特殊符号。

古人说：“鸡有五德。头戴冠者，文也；足搏距者，武也；敌在前敢斗者，勇也；见食相呼者，仁也；守夜不失时者，信也。”张介将几十年的人生经历与深沉思绪化作笔下顾盼有情的纸上生命，尤其是兼容中西、突破现代与传统隔阂的淋漓笔墨，在岭南独有明快色彩的渲染下让人感受到扑面而来的生命气息，每每感染着观画者透过具象去领悟笔墨洇染开来的那种奇妙生命力与奇崛神秘的精神力量。这正是张介笔下家禽的价值所在。从此，这一司空见惯的家禽因张介而赋予更多元而深远的文化意趣。

（二）

从20世纪80年代开始，张介着力推动顺德美术多元发展。从水乡画、版画、油画到漆画，他力争用不同品类去丰富艺术创作，更造就出不同领域的英才。他在中华人民共和国成立之初就组织成立顺德县第一个美术研究会、举办第一期工农美术培训班。此后，从中国书画函授大学顺德分校的设立到顺德美术协会的成立，他无不亲力亲为，殚精竭虑。他更多是无偿授课，卖画筹款，其“分手脱相赠，平生一片心”的光风霁月，切实推动着顺德美术创作从顺德出发，走向远方，更名扬京城，声播港澳，也锻造与开拓着更深邃的创作造诣和愈发宏阔的艺术视野。

雄鸡图（张介绘）

作为顺德现代以来为数不多的接受过正规美术专业系统训练的画家，他晚年虽提炼出国画“以笔为气，以墨为韵，以纸为朋，以水为神”的丹青要义，但仍从不回避传统笔墨陈陈相因的故步自封。他更欣赏西方技法的精妙入神，常在创作中引入现代科学的理性严谨。因此，他一生都在不断寻觅和总结融合中西艺术的全新道路。晚年愈发广泛的题材和更为简约的笔法，正是这一努力的迈进，也是他的艺术价值所在。

他和同道们传承着永不熄灭的艺术薪火，递送着从师辈处接续下来的那种事不避难、义不逃责的内在精神，让画家们在完成艺术生涯的同时完善了人格塑造，接续着历史精神，引领着当代文化。他自己也因长期不懈的努力与积淀，成为顺德美术史上承前启后的重要人物。

二十三、梁达仁：出任主席　推动乡务

梁达仁，祖籍黄连，出生于马来西亚，曾任马来西亚雪隆（当地华人将雪兰莪州和吉隆坡直辖区合称为“雪隆”）顺德会馆署理主席、马来西亚顺德联合总会理事。中马建立友好邦交后，梁达仁经常率领同乡会成员回乡参加各种活动，在马来西亚热情招待来自家乡的到访人员，增进海外乡亲与家乡的联系与了解，默默奉献。梁达仁先生慷慨支持家乡公益事业，深获民颂。

二十四、张圣果：临池育人　名满香江

张圣果（1935—2021），生于黄连。张圣果幼受庭训，行端好学。1954年，张圣果定居香港，工作余暇，临池不辍，古今名帖，深研细读，朝练夕思，独具心得。张圣果书法融章草笔意于行书中，劲健潇洒，笔墨淋漓，深得人喜，2005年、2009年、2013年入选香港当代艺术双年展。张圣果长期开班授徒，言传身教，将笔墨意趣与雅淡古风款款传递，桃李满园。张圣果谦雅虚怀，淡泊名利，待人以诚，德艺满香江。

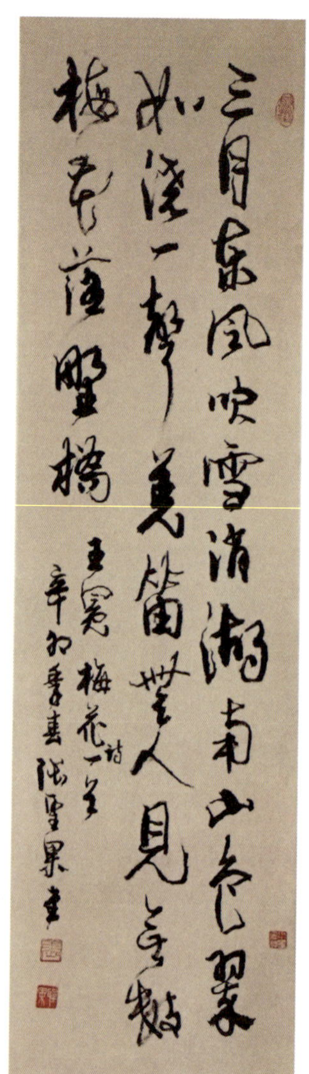

张圣果书法作品

第七章 当代人物

当代的黄连，人们在不同领域砥砺奋进，更上一层楼，呈现出千峰竞秀、万壑争流的壮丽景象，谱写出黄连精彩的篇章。

第一节 企业家及其企业

企业家是黄连实力的体现。他们从草根起步，一步一个脚印地积累人生的阅历，打造出自己的实业，开拓了广阔的人生，为家乡贡献了自己的力量，成为推动黄连前行的重要力量。

一、梁定邦：出身银行世家　推动家乡建设

梁定邦先生曾任香港广安银行主席、香港回归后首任市政局主席、香港顺德联谊总会永远名誉会长、广东省政协委员、世界顺德联谊总会名誉会长等职。

梁定邦先生出生于银行世家，其父梁季彝先后在广州、香港、澳门

梁氏家族捐建的梁季彝纪念中学，后改建为梁季彝纪念幼儿园

的钱庄银行经营服务。他1938年创办广安银行，是香港首间登记为外汇银行的华资银行，1996年在香港联交所注册为上市公司。梁季彝还在20世纪50年代创办大安置业有限公司，经营房地产投资。

梁氏家族捐建的梁季彝纪念学校

梁定邦先生十分关心和支持家乡经济建设和文化卫生教育事业的发展，多次组织香港市政局、广安银行的高级职员返乡考察观光，并先后以个人和昆仲名义慷慨捐资。多年来，其个人和家族捐资总额达570多万港元，捐建项目有勒流新医院门诊大楼、新勒流中学、梁季彝纪念中学、梁季彝纪念学校、顺德体育中心等，为家乡的公益福利事业贡献良多。此外，他还在云南捐建梁季彝纪念中学和小学。梁定邦先生的奋斗成就和奉献精神，深得家乡人民和港澳同胞、海外乡亲的赞颂。

二、梁定谋：关心国家发展　推动经济建设

梁定谋，是梁季彝的第四子，曾任香港广安银行、广安财务公司及广安保险公司董事总经理兼行政总裁，香港银行华员会名誉顾问，香港布业商会名誉会长等。

梁定谋先生积极关心内地的改革开放和经济建设。早在1982年已组织商务考察团到美国加利福尼亚州考察，吸收外国的先进科技及其管理制度，并与有关机构做好联系，为日后引进外国技术及管理奠定了基础。

梁定谋先生多年来努力引导和鼓励海外企业家及银行客户到中国内地投资，大批投资到广东省各县市，对珠三角的经济发展和大量劳工就业做出了积极贡献。广安银行更为这些企业在固定资产投资及贸易融资

方面给予积极支持。

梁定谋先生由于为广东省的经济发展贡献良多，于1996年被授予“广州市荣誉市民”称号。

梁定谋先生桑梓情深，热心公益，服务社会。为表彰梁定谋先生对家乡的贡献，1992年顺德市人民政府授予他“顺德市荣誉市民”称号。

近年，梁定邦、梁定谋昆仲将其祖父梁福开当年在黄连经营木炭的700平方米地皮提供给黄连，用于公益文化事业；将占地120平方米的祖业平房委托黄连居委会管理，作为文化活动阵地。

三、龚志生：精专技术拓展　积极回报家乡

佛山市顺德区骏达电子有限公司（简称“顺德骏达”）地处黄连新工业开发区。公司创于1983年，一直致力于印刷线路板的专业生产。它不仅拥有计算机PCB制板、激光光绘机等专业设备，而且拥有持续稳定的原料来源和生产工艺，以及技术精英。

同时，公司拥有超前的环保意识和健全的环保体系。公司建造环保设施，并取得了ISO14000环境体系认证，令公司全面健康发展。

一直以来，公司秉承“生产最好的印刷线路板”的信念，赢得众多知名品牌的信赖，共同成长，彼此壮大。

多年来，公司被佛山市顺德区人民政府评为“先进民营企业”和“重合同守信用企业”；2011年被广东省人民政府及有关部门认定为国家高新技术企业、广东省清洁生产企业和广东省民营科技企业；被佛山市顺德区市场安全监管局评为质量信用A级企业、佛山市安全生产规范化管理A类企业及安全生产标准化三级企业。

董事长龚志生作为黄连社区乡村振兴促进会成员，积极参与社区公益事业。自2004年黄连社区福利会成立以来，公司累计为福利事业、敬老节活动捐赠超40万元；2017—2018年，独家赞助黄连社区仓沮圣庙开笔礼活动超4万元；2018—2021年，赞助黄连社区篮球赛活动和妇女儿童之家周年庆活动、羽毛球协会活动超20万元；2019年，支持勒流教育基金会募捐活动出资20万元；2020年，定向捐赠黄连社区疫情防控工作

2万元；2021年，捐赠8万元用于购买树木助力生态振兴；每年补贴黄连入伍新兵每人1000元。

如今，顺德骏达朝着经济与社会效益共同发展的道路前行。

四、卢志信：伉俪齐心创业　撑起一片碧空

（一）质良品精　供不应求

在20世纪80年代初，卢志信从勒流环球风扇厂辞职后，就和太太在黄连经营电器零件售卖并生产漏电开关配件。适逢供电部门大力推广普及使用漏电开关，他们遂转向专业生产漏电开关。凭着“睡床板”精神，产品数量月月递增，可仍供不应求。因需求量大，工厂需扩容，一年多后，他们将工厂迁往勒流旧农贸市场二楼。没多久，车间仍不够用，工厂再搬往勒流旧车站对面。

随着不断扩容，广东信华电器有限公司（简称“信华公司”）在勒流江村购地自建厂房。2013年，占地面积50万平方米、拥有10多个车间、近100条生产线的新生产大厦落成，信华公司整体迁往勒流富安工业区。其实，信华公司每次搬迁的过程就是业务又上了一个台阶的过程。

信华公司一直从事低压电工电器、家居和商业照明电器的研发、生产和销售。信华公司聚集了一大批拥有丰富经验的技术骨干和生产骨干。信华公司的产品主要包括电感镇流器、电子镇流器、开关插座系列等。

信华公司的产品艺精质佳，深受客户欢迎，远销全球30多个国家和地区，实现了“信华照明·照亮全球”的愿景。

（二）一路向前　深情回眸

30多年来，公司坚持以“今天的质量、明天的市场”为宗旨，获得CB（电工产品合格测试与认证，Certification Bodies Scheme）、英国BS（电子电器产品打入英国市场的准入认证）等多项国内、国际认证。信华公司还先后获得“中国消费者信得过产品”“广东省名牌产品”“广东省民营科技企业”“顺德区三八红旗集体”等荣誉称号。

劳艳贞女士在管理企业的同时，还担任佛山市女企业家协会执行会长、顺德区女企业家协会会长、顺德区妇联兼职副主席等社会职务。她积极参加社会活动，是佛山市人大代表和2017年广东省“三八红旗手”，曾获“顺德好人之星”荣誉称号。

信华公司现有2000多名员工。公司一直在努力提升员工的幸福感和归属感。公司的“开荒牛”员工已在风里雨里打拼30多年。他们的青春岁月都奉献给公司。现在，他们中很多人的第二代也到公司上班。对此，公司一直对他们心存感恩。

五、黎志星：制造抽油烟机　全国出口第一

黎志星创办的广东奥特龙电器制造有限公司（简称“奥特龙”）是一家于2018年荣获佛山市“细分行业龙头企业”称号的家用电器企业。2008年，奥特龙成为国家级高新技术企业；2010年，奥特龙被评为广东省著名商标；2011年，奥特龙获批组建广东省省级企业技术中心；同年，奥特龙被认定为广东省传统产业转型升级示范企业；2012年，奥特龙被认定为顺德区百家企业智能制造工程示范企业。

黎志星带领企业奋进20多年，拥有勒流富安、勒流江义工业园、均安三大制造基地，专业致力于抽油烟机、嵌入式炉具、电陶炉等厨房家电产品，以及加热柜和红酒柜的设计制造及销售。产品远销全球100多个国家和地区。与此同时，与欧美多个知名品牌保持良好的合作。目前，公司产品畅销于美国、德国、俄罗斯等80多个欧美及亚洲市场。从2010年开始，奥特龙连年在中国抽油烟机出口中名列第一，并连年成为中国抽油烟机出口的名牌。2015年，奥特龙抽油烟机被认定为广东省著名产品。

奥特龙年产油烟机280万台、嵌入式炉具25万台、炉盘25万件和红酒冰壶10万件。2010年起，奥特龙名列国内厨房用具出口制造商首位。

多年来，黎志星致力于家乡公益事业，不遗余力、不求回报，只愿带领更多人将家乡建设得更美好。

六、庞敬忠：瞄准大片山林　知识助力创业

云浮市位于广东省西部、西江南岸，素有“石材王国”“硫都”和“石都”之称，还有“沙糖桔之乡”的称誉，是广东省典型的山区市。

现在云浮市结合自身的自然地理条件和城市发展需求，通过实施森林生态、森林服务、森林产业、森林文化和森林支撑五大体系建设，统筹山水林田湖草系统治理，提升森林、湿地生态系统的质量和稳定性；构建起森林康养、自然教育、文化体验、绿色产业等于一体的森林城市。

10年前，化学专业毕业的大学生庞敬忠早已瞄准粤北生态建设的巨大商机，和合作伙伴在云浮承包几千亩山地种植松树。就专业而言，庞敬忠懂得松香在肥皂、造纸、造船、建材等诸多工业领域用途广泛，市场面广。他也懂得山地缺水，栽种松树和杉苗要适时，前3年要雇人割芒草，待3年后树苗成林，地下杂草已无生长空间，即可省下割草的人工成本；建好防火带后，待松树生长进入第十年就可开割松香，并可循环多年。5年后，采割难度增大，松香的质量也相对减弱，他们就将松树连同杉树伐下售卖木材；采伐后的杉头若干年后仍可采伐二代杉。综合来看，经营林场的回报相当可观。

目前，顺德的连片村级工业园改造如火如荼。在2013年，庞敬忠在北滘经营商品厂房售卖的启德置业园已开始起步。一期经改造后建成标准化商品厂房。完成招商工作后，共进驻企业50家，部分来自广州、深圳等大城市，主要生产环保设备、自动化3D打印设备、药品、高科技电子产品。因采用智能化小区式管理，启德置业园的商品厂房广受欢迎，不存在闲置单位，其成功的模式曾被广东电视台报道。

千里之行，始于足下。时光倒流回1989年，庞敬忠大学毕业后在一所初级中学当老师。3年后，他辞职闯荡江湖，先是考取平板车驾照，开着平板车往上海送货一个周期就是7天。那时的交通设施远不如现在先进完善，跨省跑长途多是山路，除要耐得枯燥、寂寞外，还需要意志和毅力。后来，在服务广州运输公司、中国重汽集团驻广州办事处期间，庞敬忠在积累人脉的同时也常留意企业经营要道，工余时间钻研塑

料、五金、建材等方面的专业知识，为日后创业积极做着各种准备。一番筹划后，借着跑运输时与韶关水泥厂有业务来往的帮助，庞敬忠开办了自己的建筑材料商店。之后，他又开办冠宇五金厂，专业生产道轨、货架及各种五金配件。得益于专业知识，他开展业务时得心应手、事半功倍，五金厂因而办得有声有色。

如今，担任社区营造协会常务副会长的庞敬忠联同挚友，致力于家乡发展。

七、阮毅林：当年工场建筑工人　如今开发金属制品

20多年前的一位泥水匠，现在是佛山市顺德区澳邦金属塑料制造有限公司（简称“澳邦”）的掌舵人。从建筑工人到老总，华丽的转身中自然有耐人寻味的故事。

阮毅林当年迫于家庭经济压力，年纪轻轻就无奈放下书包，到工地当一名杂工。风吹日晒、搓灰抛砖，龟裂的手指头常裹着胶布，在师傅们的吆喝声中忙得手忙脚乱的小工却不忘留意“偷师”。其间，他和工友辗转于顺德、南海、东莞、广州等地盖民宅、建仓库，说不尽的奔波辛劳。20世纪90年代，民用住宅盛行用石米做外墙的装饰材料，阮毅林凭着活泛的头脑从这种材料中悟出潜在商机。他知道，每吨石米的批发价是24元，运输到工地后价格每吨为140元。想到这一层，他最终扔掉了砖刀，转而做起建筑材料生意。3年后，他开设一家五金生产企业，主要生产升降挂衣器、多功能挂架、闭门器及塑料制品和家具配件。正是他“有家的地方就有澳邦”的市场定位，让澳邦产品先后形成升降挂衣器系列、收纳系列、多功能挂架系列等，申请多个专利。后来，澳邦产品畅销全国各地，并远销欧美、新加坡、印度及中东地区。

企业走上正轨后，阮毅林乘势而为，又开办佛山市顺德区福赛尔金属制品有限公司（简称“福赛尔”），专注于产品开发，设计、制造、销售各种高档钢珠滑轨、隐藏式滑轨及各种家具配件。福赛尔的走珠滑轨、隐藏二节缓冲滑轨、挂篮走珠滑轨等系列产品畅销海内外市场。

八、翁国腾：致力于智能开发　扬帆于科技海洋

（一）奉行文明准则　塑造公司形象

黄连乡贤翁建才献身我国大西北水利事业，被誉为甘肃省引水提灌事业的开拓者。他“身后留下一眼眼甘泉，一股股清流，一道道大坝，一片片绿荫”。这里要说的是毕业于华南工学院（华南理工大学前身）的翁建才的儿子翁国腾（与翁建才同样学工科）与股东们创业的故事。

他们的公司名为“广东顺德三扬科技股份有限公司”（简称“三扬公司”）。目前三扬公司拥有包括30多位高级工程师的工程师技术团队，并拥有10多项生产专利。2015年，公司成功在天津股权交易所登陆“新三板”。

“三扬”源于“三样”，意为公司的三样产品：电源设备、电镀自动生产线设备和拉链机设备。“扬”有扬长避短、发扬光大、扬帆起航之意，故谓之“三扬”。

三扬公司前身为佛山市顺德区协龙拉链有限公司，成立于2004年1月8日。2013年4月25日，该有限公司整体变更为股份有限公司，更名为“广东顺德三扬科技股份有限公司”。

公司奉行一个文明的准则约束大家言行；以一种有效的制度监管大家行为；用一套标准的流程规范彼此工作；用客户回馈的口碑塑造企业的形象。

（二）潜心开发智能　不断攀登高峰

2015年，三扬公司成立了全资子公司——广东三扬机器人有限公司，致力于机器人、机械手本体及自动化设备的研发、设计、制造生产和维护服务。如今的三扬公司已形成四大业务板块，即电源整流设备、拉链机械设备、工业机器人、制造管理信息化系统，涵盖电力电子整流、金属拉链行业和工厂智能制造业，在业内树起了品牌，赢得了口碑。

通过这家公司，人们认识到开发网络软件对口智能制造而派生出自动化的生产方式。目前，珠三角相当多的企业已用机械手替代人手，使生产更高效可控且节省成本，因而获得越来越多的认可。

三扬公司的通讯电源产品凭借过硬的品质长期配套无线对讲通讯设备使用，销往海内外市场；废气处理系统等产品均可以根据客户要求设计、制造，并提供整厂交付服务；箱包业和体育用品业的产品较国外进口设备是同类进口设备的最优产品。

三扬公司注重销售维修服务中心网络的建立。目前，全国已建立9个办事处、2个独家代理商、近20个委托经销维修点，市场定位于国内的设备厂家。在物流和生产计划管理上，则利用信息化管理系统，能够准时地把产品交到用户手中。

九、梁桂棉：兄弟5人合力　打造风扇品牌

常言道："父子和而家不败，兄弟和而家不分。"在勒流街道江义工业区内，有一家产销、加工家用电器、民用灯具、五金制品，经营各类商品及技术进出口业务的广东梁田兄弟电器有限公司（简称"梁田公司"）。其经营者为一母同胞5兄弟，正是兄弟同心，其利断金。20年来，5兄弟分工合作、勠力同心、胼手胝足，开创了属于整个家族的一片天地。

梁田公司的前身是一家五金加工小作坊。梁氏5兄弟此前分别从事建筑、制衣、机械维修、五金加工等行业，都是打工一族，从未有实业经营经验。创办企业的起因要从老三梁桂棉说起。20世纪90年代初，他因劳务输出前往香港当制衣工人，收入不菲，使他日后萌生创业梦想，更重要的是在香港的经历让他拓宽了视野，学到了香港企业的先进管理理念。老四梁桂祥此时在勒流一家颇具规模的电器企业任供销员，走南闯北，对市场行情、产品如何做到适销对路、营销策略积累了丰富经验。他在跑业务时想得最多的是与其替别人推销产品，不如拥有自己的产品。他想：我们兄弟人多势众，只要抱团取暖、群策群力，定会干出一番事业来。他把这个想法与三哥一合计，两人不谋而合，再找其他3兄弟商量，大家一拍即合。于是，鸿发五金厂择吉日开张。

鸿发五金厂开始时的业务比较单一，就是为生产石油气炉具的企业和生产铝合金窗的厂家加工配套螺丝。几年打拼，积累下一定资金和业

务客户，工厂向通风设备转型，主打各类电风扇产品，包括百叶窗式换气扇系列、家用换气扇系列、管道式换气扇系列等100多个品种，还生产工业强力电机、工业电风扇电机系列。2010年9月9日，鸿发五金厂将商标注册为“梁田”。企业也申请获批，名为“广东梁田兄弟电器有限公司”。梁田公司的产品遍布全国各地以及欧洲、南美洲。产品被广东省科学技术厅授予“广东省名牌产品”称号，梁田公司也被授予“广东省民营科技企业”称号。

电风扇行业是一个季节性强、竞争激烈的行业，单是勒流就有200多家生产厂家。梁田公司凭着一定的仓储能力，在生产淡季也可以生产备货，加上以增加出口外销作平衡，公司全年都处在生产状态。梁田公司的产品策略就是将商品的风格与它们所处的环境相融合，目标就是通过不断提供优良产品来实现经营策略。

5兄弟分工合作、各司其职：老三梁桂棉挂帅，老四梁桂祥主持国内销售，老大梁桂怡协助国外销售，老二梁桂成负责模具和产品研发，老五梁桂全专司五金及冲压部门。梁氏第二代已开始在业务、技术、外贸等方面接棒。

5兄弟以强烈的品牌意识、品质为立业之根本，以创新为企业发展之保证，以共赢为持续之动力，正在演绎一个品牌不断强大的故事。

十、张广辉：内心，一路和风

（一）少年乡村生活　形成独特视角

张广辉小时候和全家人住在黄连耕义堂式好居6号的一座大宅中。张广辉的童年就在这大片青砖屋里静静度过。即使是酷暑夏日，深幽的大厅仍一片清凉。四周阒无人声，只有鸟儿轻快的鸣叫偶尔打破乡间的宁静。

不远处，何启澧的大宅深广贵雅，光天井就100多平方米。巨大的金鱼池锦鳞游泳，沉雅的中堂一派辉煌。尤其是雍容华贵的十二少奶奶，一看就感觉饱读诗书、闲华婉慧，让张广辉看到截然不同的一个世界。

少年时代的张广辉接触到许多渐渐消失的文化余绪。它们如树影摇曳下的春阳，在他的身上留下碎屑斑驳的光影，却无法抖落，隐隐影响他的一生。

张广辉

那时候，石龟祠为一片桑地，残垣败瓦满地。巨大的石碑与硕大的石龟和神奇的传说，令此处每到夕阳西下都分外荒凉幽古。不过，这也毫不妨碍放学回家后的张广辉和朋友们躲在石龟背后捉一阵子迷藏。

在乡间，相传傅容告老回乡时，皇帝赐给他3个锦囊。他一路上微服潜行，毫不声张，直到踏上黄连故土，才长吁一口气，于是打开一个锦囊。谁知锦囊一开，跳出3只金龟。傅容的随从马上去追赶，但一只已爬进水塘，渺无踪影；另外两只在地上爬个不停，幸亏他们赶忙摁住。他们马上建起石碑，筑造石龟祠，将两只金龟稳稳压住。于是，便有石龟祠和两块碑石。

乡间相传，谁能通读碑文，石碑就自动打开，金龟就会爬出来。不过，几百年来，人们似仍无法通读。于是，它们只好成为沉默的石龟。

张广辉就在这些神奇的传说和散发着桑叶清香的乡间度过他的少年时代。平静、简朴、古老、闲淡，不时扬起的神奇想象与被外间世界向往的乡村生活，成为他性情深处的底色，更构成他观察世界的独特视角。

（二）长年基层锻炼　体味生活原色

中学毕业后，张广辉参加“上山下乡”，来到勒流镇稔海村兴振生产队。作为一名三级劳动力，张广辉每天只能拿到11个工分。一个工分值3.5分钱，一天下来只有3毛多钱的收入。有时候，分不到工作，一个月下来连肚子都无法填饱。于是，除却正常劳动，张广辉主动承揽修理生产队的门窗、草艇的木工活，努力填补不足的工作量以赚取零碎的工分。此时，他惊讶地发现，平时毫不经意的木工手艺竟在此时成为他增添饭食的帮手，让他感悟到多领域发展的妙处，也为他日后的多元业务埋下意想不到的伏笔。

后来，他饲养塘鱼。看着鱼从银针大小的鱼花到摇头摆尾的鱼苗，再到泼辣乱跳的大鱼，再看着它们从鱼花塘转到中格塘，再放养到大塘，他终于明白鱼必须经历不同的生存空间才能获得锻炼与成熟的机会。这虽是寻常无奇的大白话，却成为张广辉青年时代铭记于内心的至理名言。于是，他更谦朴地沉入田间深处，深入体味各种劳动细节的技巧与意味。即使是刮刺得满身伤口的蔗基劳作，他也从无怨言，而是感悟其中的辛劳与不易，人也日渐成熟。

（三）扎实埋头工作　体味人间温情

每天，一个碗、一铛（chēng，烙饼用的平底锅）饭、一条咸鱼、一根扁担、一双忙不停的手和从未停歇的腿，让他经历着寻常乡村生活的艰苦；但乡人化解各种困苦的乐观与处理各种生活细节的小智慧，又让他看到困境中的温煦与希望。毫无帮扶的草根劳作与自我寻求纾解困难的岁月，为他后来创业积淀了更多的经验与底气。从此，他也变得更开朗豁达，生活也日渐兴趣盎然。实干与乐观的他深得生产队民众喜爱，而父亲常在耳边的那句口头禅“贱力得人敬，贱口得人憎”，令他深悟实干的重要性与虚言的荒谬，为他后来创立实业打下了深深的烙印。

一年岁末，生产队要干塘分鱼，欢度春节。生产队队长让他到薄冰轻铺的鱼塘中拔取窦口排水。张广辉义无反顾地潜入水中，一来要完成领导交给他的任务，二来为了实现队长因他潜水拔窦奖励一条大鱼的许诺。那个年头，人们只有在春节才能吃到一条完整的大鱼。美味的诱惑令他不顾冰寒，深潜劳作，几番努力，大功告成。而岸上老人早为他烧开柴火，让他好生取暖。喝着热水，他深感乡村草根农民出自天性的真诚善良；而那旺盛的柴火和无边的暖意令他至今难忘。3斤多的大头鱼成为那一年岁末献给父母最好的礼物，令他感到让父母笑逐颜开是人生中最值得做的大事。

（四）投身于税务工作　致力于税收服务

20世纪70年代中期，张广辉摒除闲杂，参加函授学习，潜心攻读。他还在知青屋中特意制作一个书架，满放《艾青诗集》《三国演义》等书。知识的积累与眼界的渐开，令他更沉实多思，他也渐渐脱颖而出。

1979年，顺德县招考税务员，张广辉在激烈的竞争中金榜题名，顺利进入顺德县财贸学校。半年后，他回到勒流，负责收取鱼税。在这片熟悉的土地上工作，张广辉感到分外亲切。后来，他更负责市场的蔬菜税、屠宰税。目睹乡中民众经自己苦口婆心的解读，对税收从陌生、拒绝到自愿缴纳，他深感农民躬耕田畴劳作收获的不易，更萌生为他们提供税收服务的意愿。

80年代以后，随着国家经济政策的放开，大批农户参与各种经营。但他们对税收申报手续手足无措。1993年，顺德市税务局决定成立本市第一家税务服务机构——顺德市税务咨询公司。当时已是勒流税务所副所长的张广辉受命着手搭建这个全新机构。除却专门培训企业税务人员，他们还为个体户和私有企业办理会计账务和申报税务服务，彻底解决税收缴纳的难题。最终，队伍发展到超百人，为顺德税务工作不断探路，张广辉也积累下大量第一手资料与愈发丰富的专业经验。

亲眼见证家乡从纯粹的农村发展到多种经营的现代社会，更目睹经济发展对个人与社会的深刻影响，张广辉深知税务服务将成为顺德这片工商业重地的产业之一。

（五）切实服务企业　朴实风格未变

2001年，张广辉着手经营税务咨询公司——顺德祥和税务师事务所（简称“祥和”）。税务人员出身的他对专业的严格要求令祥和迅速崛起。细致的服务与诚信的风格，又让他获得较好的口碑，高效优质的工作也引得事业苍碧摇曳。他从企业注册、开业、成立公司到此后的所有历程都提供专业辅导与服务，令彼此相融，共同发展。

此后，祥和延伸到涉税鉴证、税收策划、代理建账、会计审计等10多个领域，更致力于建设云平台，从企业仓库入货到财务数据，再到后期跟进，皆以软件对接，成为快捷安全省却成本的现代服务体系。虽然他的业务与影响早已超出故乡顺德，但是熟悉他的朋友仍依稀看到青年时代的张广辉在乡村市场为农户解释税收政策和在黄连小房子中为小企业撰写优惠申请的身影。税务服务成为他的立本根基、立业资本，更成为他立世的有力支撑。

经过20年发展，如今的祥和涉及税务、会计、企业安全生产、消防托管、评估、律师、环保、检测废水废气等领域，为企业经营与拓展提供一揽子服务，成为顺德令人注目的专业服务机构；同时，也为政府税务机关提供各种具体服务。为他人服务并壮大自己，成为张广辉深觉快意的乐事。正如当年潜入冰凉的鱼塘只为父母的开心笑颜，一切辛劳，无不烟消云散。

（六）热心公益事业　推动文体建设

近年，张广辉在众多协会担任要职。他认为，力有余而奉献社会，是一件再自然不过的事，正如当年为他烤火的老人，那种寒风中的暖意，一生难忘。他只是想继续传递这种温暖。

因此，他在2017年成立“祥和慈善基金”，定向捐资帮助大良5个社区和3个爱国拥军促进会，也在大良总商会的“乐善—近良”慈善基金中捐资助困。如今，他还与一批企业家热心公益，帮扶困厄，助人渡过难关。从乡村走出来的他深知穷困无助的绝望与伸出援手的意义。

作为人大代表，张广辉一直思索城市的发展与民众的生活。后来，他撰写议案《关于建设打造“金榜—伏波”顺德文化街的议案》和《关于加快推动新体育中心建设》，立即受到顺德区相关部门的高度重视。如今，两个议案都转化为有条不紊的文化体育工程，这让他深感人大代表的个人价值与社会意义。

今天，走过万水千山，张广辉仍率领团队继续跋涉前行。偶尔，他眼前会闪过故乡那宁静的青石板小道和朝阳映照下辉煌夺目的石龟碑。

十一、张卓开：面向国际市场　打造“顺德温度”

佛山市卓盈达塑料制品有限公司（简称“卓盈达”），原为顺德区勒流镇上冲开利塑料制品厂。2015年，卓盈达将主打产品转向食物保温袋，且全部面向国际市场。

近年，人们假期多外出观山赏海，自然会带外出食品，食品保温就成为急需解决的问题。于是，冷冻食品的出现成功对接市场，但完美的食品保温袋却在市场一片空白。4年间，张卓开团队潜心投身食品保温袋的研制，最终打开这个市场空间。

如今，他们生产的保温袋拥有6小时以上的保温时间，如需延时，只需加干冰即可，比传统普通铁皮保温箱和塑料箱更方便、干净、卫生。他们的产品不仅节省大量塑料袋，而且可以多次使用，环保低耗；防水防油，耐磨抗皱，价格低廉；隔离空气性能强，防氧化，防水防潮，抗爆破性能高，抗穿刺抗撕裂性能强；耐高低温，保香性能好，更具柔滑功能与高隔离性；再加上时尚美观，易于清洗，可以折叠，易于存放，因而深受市场欢迎。

经过市场调研，他们发现，外国地广人稀，超市多设于城郊，因而食物保温袋更易于普及。于是，他们将市场瞄准世界各地。如今，其产品已覆盖新加坡、韩国以及中东、北美洲和欧洲等地区的几十个国家，为人们打造出充满人间情怀的顺德温度。

十二、骆世明：潜心研究华南农业　国内农业生态学先驱

骆世明，1946年4月生于广东台山，母亲为黄连人。1968年毕业于华南农学院（1984年更名为“华南农业大学”）农学系农学专业；1978—1982年，在华南农学院就读研究生；1981—1982年，远赴美国佐治亚大学生态所进修。毕业后留华南农学院任教，1992年被聘为教授；同年出任华南农业大学副校长，1995—2006年任校长。

骆世明长期潜心研究农业技术，为农业生态学研究奠定了扎实的基础。

留学美国期间，骆世明成为我国较早接受西方生态学教育的中国学者。回国后，骆世明潜心研究农业生态学、化学生态学及计算机技术应用等，长期钻研华南地区热带亚热带生态农业模式，如桑基鱼塘、高畦深沟等，提出人口密度梯度理论、城乡经济梯度理论等。

骆世明曾开办3次全国农业生态学培训会议，为我国农业院校培训了大量农业生态学师资力量与科技人员，更为亚洲、非洲、拉丁美洲等10多个发展中国家培养出一大批农业人才。

20世纪80年代初，华南农学院成为国内最早设立“农业生态学”课程的院校之一。1987年，骆世明主编的《农业生态学》教材出版。1992年，该教材获全国首届“兴农杯”优秀图书奖。2001年，骆世明重新组织编写《农业生态学》，2005年被评为全国高等农业院校优秀教材。此后，骆世明组织编写《农业生态系统分析》《环境保护与可持续发展导论》《普通生态学》（“十五”规划教材）等系列全国教材。

多年来，骆世明被教育部、人力资源和社会保障部、中国教育工会授予“全国教育系统劳动模范”和“人民教师”荣誉称号。

十三、张永流：弘扬中药宝贵遗产　不断深化企业改革

1975年，张永流进入中药制药行业，历任华天宝技术副厂长、厂长、党支部书记、药业集团总经理。20世纪80年代中期，张永流带领广大员工及企业管理人员，经过10多年的努力拼搏，艰苦创业，成功将濒危倒闭的作坊式小厂发展壮大为一家全国重点、知名的中成药制出企业，更成为顺德著名的骨干企业。他先后荣获“广东省优秀乡镇企业家”“广东省医药行业先进工作者”“全省医药科技先进工作者”“全国中药行业优秀企业家”“全国‘八五’乡镇企业科技先进工作者”等称号。

十四、梁建中：首创泥塘养鳗　全国劳动模范

梁建中于1985年克服土池养鳗无先例的技术困难，总结出利用土池养鳗的新技术，后盛行于顺德，在1992年召开的全国池塘养鱼会议

上被肯定为“全国首创”。1997年，梁建中受命创办勒流镇特种水产养殖场。他潜心发展“三高”农业（指高产、高质、高经济效益的农产品），围绕“上规模、增效益”，实现和配套完善股份合作制，令养殖场规模效益不断提高。1994年销售额高达8100万元，利润1440万元。此外，他还设立配套养鳗的制冰厂、饲料厂和两个鳗鱼销售部，实现一条龙流通服务体系。同时，梁建中撰写《泥塘养鳗实用技术一百个》，引导鳗农向专业领域发展。1994年，勒流镇鳗鱼塘总面积超过1万亩，鳗鱼总产值2.93亿元，占全镇农业总产值的47.3%。1995年，梁建中因在鳗鱼产业的突出贡献被国务院授予“劳动模范”称号。

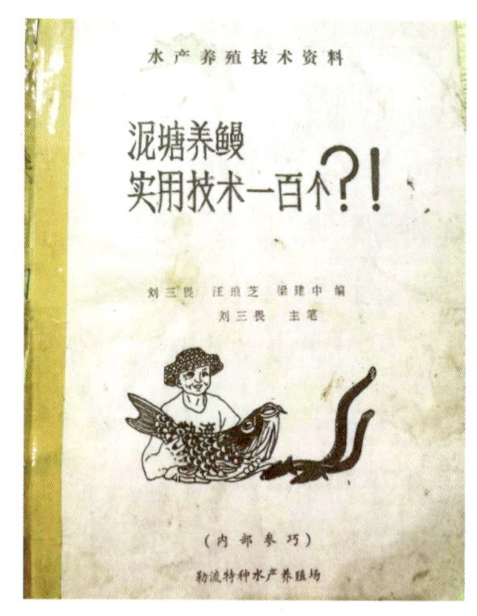

梁建中的《泥塘养鳗实用技术一百个》（黄连居委会供图）

十五、谭永强：坚守传统　融合市场

（一）坚守传统　妙制美食

在谭永强身上，“坚守”二字可以折射出其清晰的人生轨迹与经营理念。从小目睹父亲谭德英在各种犄角旮旯、田头涌尾捕获美食那层出不穷的妙法和不舍精神，他感到即使在最艰苦无助的生活中，大自然的最深处仍有无数的美食等待着他们去发现和欣赏。

各种美食的精妙制作，令谭永强获得意想不到的生存空间，挖出汩汩难绝的快乐源泉。这使他在几十年的人生历程中得以一直保持着淡定、平和与乐观豁达。而父亲对美食制作一丝不苟的执着态度，令其烧鹅远近闻名，每天限量销售；宁缺毋滥的处事风格，更深刻影响着他的烹饪原则和经营理念。日久天长，所有看似微不足道的细节，无不默默引导着谭永强更加精透细微地研究美食材料的物性与特征，也令他在制作中愈发融会贯通，得心应手。

（二）尊重物料　渐悟厨道

20世纪70年代从师学艺的岁月里，谭永强练就出精湛的厨艺。40多年来对顺德菜愈发深入透彻的认识，使他深觉看似平常的一碟蔬菜、几款河鲜，实则内蕴乾坤，意趣万千。他也庆幸这份令一家几口三餐无忧的小本营生，能同时将上一代老师傅源于明清时期古老粤菜的制作技艺和文化传统顺利承接。他一直深觉这是自己的运气。

老师傅们对物料的精通、对火候的拿捏、对制作的精严、对宾客的尊重、对自身手艺与道德无以复加的苛求，都令他渐悟古老而纯正的“厨道”，实则充满“人道”。这是一种流动于传统脉络最深处的文化精神，除却传承者的用心、纯粹、磨砺外，悟性最终呈现在厨师身上的精气神上。谭永强几十年来追寻的就是这种千年传承的内在气质与微妙曲幽的精神把握。

（三）制作美食　人生主线

谭永强一直认为，将粤菜餐饮作为人生事业去经营与作为一门赚钱生意去张罗，会导致企业性质与人生轨迹南辕北辙。几十年的经历再次告诉他，事业与人生一同打造，会令自己在市场的竞争与人生的把握中更加进退自如。市场占有额的追求与地盘的扩充或许能在短时期内攻城略地，一呼百应，但很难精准把握人生的节奏和市场的激烈变化下经营的可控，更遑论出品的精益求精。然而，出品的优质是餐厅生存的王道，对美食本质的深刻认识才是餐饮企业屹立不倒的要义。鱼与熊掌不可兼得，谭永强舍鱼而取熊掌。

在美食深山曲径一路前行的他，深觉看似平淡的水乡物料那化腐朽为神奇的无限乾坤。生性静淡的他更乐意沉浸其中，细探花落花开，目睹云卷云舒。美食制作成为他的人生主线。

（四）快马加鞭　更上一层楼

几十年的精耕细作，令谭永强入道弥深，所见弥大，更上一层楼后，所见更广，也所获渐多。作为“中国粤菜烹饪大师”，谭永强深觉这些都是社会与时代对他几十年精深研究粤菜的认可。他仍然推崇前辈粤菜老师傅对物料的深刻认识和对宾客的由衷尊重。他自知与他们相比，自己仍需快马加鞭。

岁月沉积，钟鸣于外，谭永强也渐成传统粤菜传承人。每周络绎不绝的港澳美食团令其名播东南亚，而不远千里专门来品尝其品牌佳肴的各路嘉宾，更多地视他为粤菜的重要代表，这令他颇为感动。因为在他的心目中，在最恰当的时节去品味最适合的佳肴才是最美妙的人生，也是对物料的最高敬意，更是他最深沉而不懈的追求。

谭永强妙手巧烹顺德菜（谭韵玲供图）

十六、刘绍华：大头华烧鹅　滋味留嘴边

（一）跟随师傅　艰苦磨砺

1963年出生的刘绍华在兄弟姐妹6人中排行第三。9岁时，父亲去世，家庭陷入贫困。

1979年，刘绍华高中毕业，每天骑着自行车跟谭德英到勒流买鹅。谭德英是一代名厨，人称“烧鹅英”，以制作烧鹅远近闻名，是如今东海海鲜酒楼老板谭永强的父亲。每次载他回来，谭德英都给他5毛钱。在70年代，一毛钱就是一顿丰盛的饭菜，刘绍华深感满足。

后来，谭德英见他踏实乐观、勤学上进，就让他去学做烧鹅。刚开始，谭师傅让他搬水泥。当时他只有80斤，水泥比他重，但他一声不吭，硬是默默搬完。后来，师傅让他清理鹅粪，他到处找工具，但师傅就马上蹲下，直接用手清理，然后说洗手后就没事。于是，他也用手清理。每天凌晨三点半，刘绍华就在烧鹅店门口等师傅喝完茶回来。

当时有一间“天元茶居”，三点开市，人们喝茶后就去趁墟（赶集）。不过，每次回来，师傅都会给他买包子。每天清晨，刘绍华静静地吃包子，师傅淡淡地抽烟，那种宁静的氛围十分温馨。随后，他就骑着自行车，带师傅去勒流买鹅。然后，他将鹅运回店铺，师傅再坐车回来。

当时店铺包吃没工资，刘绍华一声不吭，默默跟随师傅，一跟就是4个春秋。谭德英告诫刘绍华，做烧鹅要手艺全能，既要会烧鹅，也要会买鹅和宰鹅；而开肚、调味、烧烘、销售也必须精通，这样就能低成本、高收益。每天，他都跟随师傅从拔毛、开膛、上油到烧烘、淋汁、摆件，无不精心琢磨，自具心得。

当时，每天在烧鹅店的刘绍华没有机会学斩烧鹅。于是，他上班时就悉心观察师傅的下刀技法，回到家就用蕉杆练习，日久天长，渐入门径，在师傅的耳提面命下慢慢成长。

每天，大家午饭后都倒头睡觉，或喝茶吸烟。刘绍华不喝茶、不吸烟。师傅就说：“外面还有十几只鹅，你去处理一下吧。”于是满心欢喜的他就开始将自己的心得和手艺施展在它们身上，日久天长，渐渐脱颖而出。

当时人们渐渐富裕，越来越多乡民要加工鹅，8毛钱加工一只鹅。于是刘绍华边吃饭边烧鹅，还要打理店面，忙得不亦乐乎。闲暇时，他要取井水、买木柴、劈柴火、买酱油，没有停歇，但他将师傅的手艺和店面的管理学得满满当当。

一年多后，他终于成为做烧鹅的一把好手。

（二）师恩如山　一生难忘

1981年，珠海拱北宾馆在顺德招聘人才，当时招聘的月工资是450元，而刘绍华在供销社每个月只拿到40元。说服母亲后，刘绍华准备直奔拱北，但整个晚上都辗转反侧，无法入睡。他难以舍得恩重如山的师傅和无所依靠的母亲，泪水流了一晚。但为了挣钱，他还是咬牙独往。当时从顺德去拱北需15个小时，山长水远。来到拱北，他埋头工作15

天，实在无法习惯，决意回乡。于是，他连工资都不要就赶回黄连。当他告诉师傅要回店铺帮忙后，谭德英满心欢喜，马上到市场买下两只大水鱼、两条大鳝鱼，跟他饱餐一顿。

从小带着他一路走来的谭德英，深喜这位质朴的小徒弟，而他也为师傅分担了不少工作。每天，师傅喝完早茶，在胳膊放一条手巾，在店门口等他拿鹅出来就可销售，足见他们彼此的默契与信赖。

当时，刘绍华家中困难，蚊帐无法缝补。师傅看到他每天满身红疱，满心疼惜。后来，师傅来到他家，但见满眼破旧，下雨天更有多处漏水，于是到百货公司花12.5元帮他换一床新蚊帐，令他从此不遭蚊扰。如今回想，他仍满怀感恩。

（三）独开门户　自创品牌

有一天，师傅病倒，无法工作。他将刘绍华叫到身边，说："大头华，你回家开个炉，自己开店吧。等我病好，再和你一起做。"

在乡间，师傅不主动让徒弟单独开店，徒弟绝对不能自立门户，这是行规，更是对师傅的尊重。

1983年，刘绍华以130元开始营业。当时刚开始出现万元户，学生一顿饭才1毛钱。他从别人倒闭的店铺买来一个炉，再买来一个大瓦瓮，开洞结炉，设计出一个独具特色的烧鹅炉。

从此，每天上午三点，刘绍华就起床，一直忙碌到晚上九点。天天如此，即使正月初一也照常营业。其妻婚前为文员，结婚后学会烧鹅，家中妹妹也加盟店铺，一家人经营着这个烧鹅店。于是，他每天挥刀斩件，一干就是40多年。特别是《寻味顺德》节目播出后，很多外地客人慕名前来，无法扫人兴的他挥刀不断斩烧鹅。

人们都认为刘绍华的烧鹅特别贵，但他有自己的道理。他认为，他们所选的黑鹅特别适合做烧鹅，肉厚皮脆；他们做工讲究，人工拔毛，保持鹅肉鲜嫩；此外，卫生要求严格，工序复杂细致，味道自是与众不同。

刘绍华一直坚持烧鹅品质要在可控范围内，让顾客品尝到质感最上乘的烧鹅。因此，曾经有酒店预订几十只烧鹅，他都拒绝了。因他深知，酒店烧鹅卖不完，次日肉质必变化，影响口感，声誉受损。因此，品质的保证正是他赢得市场的要义。

由于声誉日隆，不少人大老远赶过来就为品尝一口烧鹅。他常见长长的排队人龙看不到尾巴，尤其是老人、孕妇，勉力支撑，令人心疼。此时，他总会让太太将烧鹅先卖给他们。供不应求时，他也会偷偷留起几只烧鹅，全部斩好，每小碗放四五块烧鹅，送到最后的人群中，让他们得以品尝。有时候，见得人们排队实在太久，他就让太太送上点心和凳子，让大家静心等候。

刘绍华深知，自己的成功得益于师傅的教导、乡邻的支持、政府的扶持。他一直满怀感恩。因此，村中凡举行老人节、妇女节活动，龙舟比赛、庙诞，他都极力赞助，以求回馈社会，与人们共享欣悦。

十七、关永忠：南粤名厨　一路前行

作为厨师，关永忠有点幸运，因为他一入行就在顺德首家四星级酒店——仙泉酒店任厨师。高级酒店的先进管理理念让他获益匪浅，经营手法和服务质量让他拓宽了视野，跟众多名厨学习让他的厨艺不断提升，庞大的客源为他积累了深广的人脉。10年后，久经历练的关永忠转到中华餐饮名店顺德东城酒店，后到顺德金桂花园高级豪华会所聚贤酒店当厨师。这无形中为他日后施展拳脚打下了扎实的根基。

2004年，关永忠任中国人民银行顺德银泉山庄餐饮部经理。两年后，他转任顺德哥顿酒店（五星级）主厨，旋即转任中国银监会顺德干部培训中心总厨。

不愿做“井底之蛙”的关永忠注重并经常应邀外出参赛或进行技术交流。在2013年度“健康养生顺德菜”比赛中，他所做的菜式“莲藕三红炖羊腩”“金盏露笋炒酿百合”获金奖，“风生水起”获特别金奖。同年，他两度成为中央电视台第十频道大型美食栏目《味道》的特邀参与嘉宾。2014年，关永忠先后获首届中国烹饪铁人赛优胜奖，“星英半岛杯”第二届陈村花卉美食烹饪大赛专业赛一等奖，南番顺港澳台名厨精英会至尊奖、团体金奖，广州番禺名厨协会5周年庆典暨厨师协会厨艺大赛个人特金奖。同年，他被授予“中国烹饪大师”称号。2015—2020年，关永忠还获得仟味浓汤宝“六江名宴汇羊城”个人特金奖、第二届“南粤厨王”称号、“南粤厨王功勋人物”、中国烹饪协会授予的“中华金厨奖”、广东省餐饮酒店业授予的“优秀行政总厨”荣誉称号、“广州亚洲美食节——凤厨大师”荣誉称号、“粤菜师傅工程”之“粤菜传承　味在花城——粤菜推广大使”荣誉称号。其间，关永忠曾随顺德区旅游局组织的“闻香识顺德”活动到云浮市进行厨艺交流，还曾两次代表顺德到台湾进行美食交流。

现任顺德厨师协会副会长的关永忠，担任广东省餐饮服务行业协会第二届职业经理人专业委员会委员，后任广州电视台《搵食珠三角》节目、佛山电台FM901《百味家常》节目的嘉宾，还成为《顺德901粤食粤精彩》节目的常驻嘉宾。在担任过多届顺德各镇街私房菜大赛的评委后，2020年，关永忠被聘为顺德职业技术学院中式烹饪老师。在推广粤菜和培训粤菜师傅的路上，关永忠不遗余力，正奋力前行。

十八、吴换标：君王酒楼总厨　顺德人家掌舵

（一）粗料精制　精料优作

黄连人吴换标，从涉足饮食业那天起，不断吸收大厨技艺，辗转不同酒楼，积累经验，自我超越。

当初，他在深圳跟香港名厨学艺。在粤菜大师云集的珍宝海鲜舫上，他从洗菜、切菜、侍应做起，打下扎实的基本功。后来，他精心制点心、烧腊，一丝不苟，精益求精。大师傅见他精进奋发，沉稳好学，慢慢让他跟班掌勺。此后，他从大厨开始，不断熟悉餐厅管理流程，成为既能烹饪佳肴又可以管控酒店的专业管理者。

离开深圳后，吴换标辗转珠三角多家大酒楼，积累经验，寻找时机。

2003年元旦，勒流君王酒店开张。吴换标应聘担任行政总厨，但这是一个新挑战。老板给餐饮部制定出“一流的出品、一流的服务”和“新、奇、特、好”的方针。这就令吴换标不敢松懈，全力以赴。

在他的主持下，酒店成立出品研究组，要求因应顾客口味，每周

推出4个新菜式。正是在这样严苛的要求下，吴换标率领大厨们求新寻变，最终以“一鱼十几味的鳙鱼宴”蜚声饮食界，更创下日均1500多人赴宴的纪录。

随后，他们推出“鳄鱼宴”，令顾客趋之若鹜。不久，他们更制作出备受食客推崇的“蔬菜羹”“荷香蒸双丸”“桑基鱼塘蚕茧翅”“中药秘制蜈蚣汤”等100多款菜式，令宾客应接不暇，举箸称赞。

对于鲍参翅燕窝等极品食材，吴换标从来不敢马虎。他选料时，必亲自到香港采购。在他精心烹制下，君王酒店曾有月均售出鲍鱼1000多只的纪录。

每次接到100多桌的大型酒席，吴换标都分外繁忙。他既动手烹制大菜，又指挥调动洗菜、切菜、配料、点心、烧腊、楼面各个环节和谐配合，最终令宾客满意而归。

2006年广州美食烹饪大赛中，吴换标带领“君王”团队以一款“金巢元贝松”荣获团体特金奖。他以“佛地藏明珠”荣获个人金奖；又以“桑基鱼塘蚕翅茧” 和“宫廷酿双子” 两款菜式荣获“中国烹饪大师”称号。2020年底，吴换标获得“顺德名厨”称号。

（二）适应市场　精益求精

2012年，大良顺德人家酒店开张，一直备受君王酒店老总器重的吴换标出任顺德人家酒店餐饮部行政总厨。

在顺德人家酒店，一桌菜肴价格在5万—6万元的酒席并不罕见。10万元一席的顶级宴吴换标团队也照接不误。其中的大菜包含顶级吉品皇冠鲍、天九翅、血燕等极品。1万多元一席，动辄上百围（桌）的规模，吴换标团队应付裕如。

作为较经典的个案，他们曾接下了扶闾一位老板168围（桌）的大单，单价1万多元。其中的鲍、翅等4个菜式要求“位上”，这给整个出品流程带来极大的工作量。面对挑战，吴换标团队提前15天安排备料、对员工培训后进入实操，终于圆满地完成任务。

由于业务繁忙，吴换标外出比赛时间渐少，但近年他还在“广州饮食之星”竞赛中以一款“蒸水蛇丸”荣获菜式创新金奖，在顺德和珠海餐饮协会联办的赛事中代表顺德人家酒店和君王酒店勇夺特金奖。

在农历二月、四月、八月、十月、十一月传统的婚庆宴席集中期外，吴换标团队持续推出“顺德人家美食节鳗鱼宴”“暑假学业有成围餐”“回馈多年老顾客围餐”“重阳节自助餐”等特别项目。这些项目都不同程度地给予优惠，深受顾客追捧，因而每场规模都是近百席或超百席。

面对竞争和挑战，吴换标深信：只有在技术创新、成本控制、服务规范、企业文化多方面狠下功夫，才能使团队立于不败之地。

十九、何泰源：冰花酸梅酱　老树生新花

（一）艰苦创业　名闻远近

清朝，黄连的“恒聚酱园”以酱料制作闻名四方。中华人民共和国成立初期，“恒聚酱园”更名为“天良食品厂”，产业化制作酸梅酱。20世纪60年代初，黄连坊间开始广泛制作销售酸梅酱。70年代，酸梅酱更名为“冰花梅酱”。这一时期，黄连酸梅酱已处于产业化成熟阶段，黄连先锋食品厂的冰花梅酱的辉煌时期从70年代延续到90年代。

何少儒早年曾供职于恒聚酱园，颇得酱料制作技巧，其子何泰源则在天良食品厂更名为“先锋食品厂”时从事酸梅酱制作。公私合营后，何泰源从单位走出来，成为个体户。

当时的个体户只是路边小贩。即使是这种路边小摊，仍要取得营业执照。要获得一张执照，可谓费尽艰辛。一张20世纪50年代的营业执照曾珍藏在他们家中，上面清晰地写着持牌人为何泰源，但后来丢失无踪，令他们深感遗憾。

何泰源育有子女9人，食指浩繁。他每天挑着100多斤的货品上街摆卖。沉重的担子压在他单薄的双肩上，全家就靠他在黄连码头摆摊度日。

当时民间作坊制作酱油和酸梅酱的方法极为简单。他们到大良东珍食品店买回“味液”，以白开水与盐水稀释就可以变成酱油。酸梅酱

则以酸梅、南瓜、番薯、醋和糖作原料腌制。工序虽简单，但用心制作，一丝不苟，才能赢得口碑，维持生计。何泰源所卖的酱油、苏梅酱、酸酸，质优量足，远近闻名。

冰花梅酱成为黄连饮食文化品牌

很多时候，他还要带着儿子们划艇到北滘的黄涌、龙涌、槎涌、莘村、良村、马村售卖酸梅酱。美味的酸梅酱深受乡人欢迎，他们还让亲人将它带到南洋。后来，何泰源和儿子们央求电船带着他们远行，省却不少心力。

（二）自立品牌　不断创新

作为冰花梅酱制作工艺的重要代表，何泰源深知这一流传百年的制作工艺的价值所在。改革开放早期，企业大多跟随香港时尚。1986年，何泰源创立“甄添记”这个充满港式气息的名字，专门制作酸梅酱、椰子糖等，逐渐打开市场，冰花梅酱就是在这个时期创立的品牌。何泰源长子何家强与妻子李意好承接这一古老技艺，继续经营酸梅酱。90年代初期，“甄添记”停业。何家强与李意好夫妇开始经营他们的烧腊生意，烧猪、烤乳鸽成为他们走向市场的拳头产品。

1998年，何家强长子何超文完成学业，本打算到中山学习制作雪糕。临走前，何家强对他说：“为何不考虑一下重振‘甄添记’？”反复思考几日后，何超文决定再树“甄添记”品牌。于是，他与志同道合的年轻人一起投身制作酸梅酱。

当时，人们最喜欢将酸梅酱用于调制烧鸭、烧鹅、五柳鱼、酸梅鸭、酸梅鹅，因此产品一经推出，马上受到市场青睐。但酸梅腌制时间需半年，时间成本高昂，且要输入阳春酸梅，颇费周折。其中因由，源自一段特别情怀：当年先锋食品厂的扶贫对口地方是阳春。于是，阳春大量种植青梅树，青梅收成后，运到黄连，用以制作酸梅酱。一直以来，他们合作无间，感情深厚。何氏家族希望继续这种充满情怀的合作，更带动发展当地酸梅市场。后来人工添加剂的出现，使酸梅酱制作深受重创，但他们仍坚持传统制作，以存留一份难得的深情。

2016年中秋节前，在“甄添记”冰花梅酱负责人与当地文化保育热心人士的共同努力下，这种深具历史积淀和美食价值的乡间酱料重现于大众面前，其天然绿色与纯粹口感，渐成黄连特色食品。

如今，何家强与李意好夫妇联手制作冰花梅酱，何超文、何超鸿、何超力、何超儿、何超君合力守护这一珍贵的黄连特色美食文化。

在文化保育氛围下，他们再推出充满怀旧色彩的酸梅酱，力求原汁原味，深受民众欢迎。

何超文等人在传承酸梅酱传统技法的基础上，创新包装设计，令其更年轻化和时尚化。商标上两颗青梅并肩紧挨，寓意夫妇创业；绿色代表希望与生机，贴近年轻人市场。他们更创新酸梅酱吃法，可冲水淡饮，渐成保健饮品，并且在网络上开拓销售渠道。

如今，他们已建设“甄添记”历史展览馆，四楼为文化餐厅，不定期举办文化讲座。文化餐厅四周为玻璃窗，可眺望黄连大片鱼塘景色，足见他们无法割断的文化情怀。2020年，酸梅酱制作技艺被列入顺德区第八批非物质文化遗产项目。

第二节 医学、文化、艺术、武术名家

黄连自古文人辈出，当代更是艺术名家星光灿烂，是一片文化积淀深厚的土地。

一、何鸿宾：中医世家　济世情怀

黄连的医疗事业萌芽于清末。清道光十六年（1836），杜惠卿在黄连执业中医。民国时期，黄连卫生设施有建于清光绪十年（1884）的康济义院、建于清光绪二十年（1894）的寿仁善社、由香港同胞集资建于1925年的乐善善社。1962年，黄连卫生院22名组成人员中，中医师就占7名。其中科班出身者只有何鸿宾一人。

何鸿宾生于1909年。其父何君弼曾在黄连开设解蒙馆和中医馆，于20世纪20年代在广州西华路开设中医馆。随父生活的何鸿宾在广州读书。其间，他曾目睹发生于1925年震惊中外的“沙基惨案”。看到学生们遭到英法联军无情扫射而死伤无数这一血淋淋的场面，满腔义愤的何鸿宾义无反顾地投入到救死扶伤的队列中。之后，在著名的“省港大罢工”中，何鸿宾又奋不顾身地积极参与救护工作。

1928年，何鸿宾以优异成绩考进广东中医药学校五年制班。毕业前的实习期，除了在学校医务处实习外，何鸿宾更可以同时在父亲何君弼的中医馆实习。因此，他的中医理论和临床经验比同学更丰富。

1933年，毕业前的何鸿宾参加广东中医药学校救护队，义务参加广州市医疗队的救护工作。

从广东中医药学校毕业后，何鸿宾在广州西华路开设仁济堂中医馆，正式开始悬壶济世。两年后，中医馆获国民政府考试院检核及格。随后，何鸿宾曾短暂前往香港开设中医馆，后因水土不服，不久即回广州继续行医。

抗日战争胜利后，何鸿宾举家回到黄连。行医的同时，他被大光电厂、宏基学校等处聘为特约医事人员。他长年坚持抽出时间到乐善社义诊，擅长妇科及儿科的他为无数患者解除经济负担与病痛折磨。其间，他还培养出李棠、何国华等爱徒。仁心仁术的他对患者可谓有求必应，即便远到龙江、龙山等地，只要有约，他定会欣然出诊。

1950年，黄连成立连闾乡医疗人员联谊会，何鸿宾出任副会长。1952年，顺德县邮电局黄连营业处聘他为特约医事人员，专司该处职

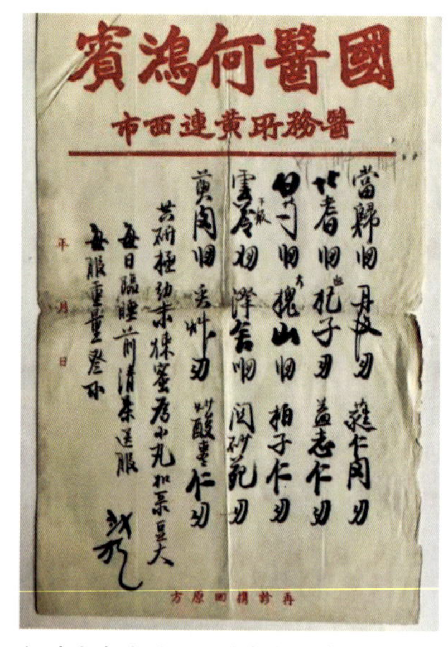

何鸿宾先生的处方（黄连居委会供图）

员及家属的医疗保健工作。1951—1953年，连间乡医疗人员联谊会每年举办护训班培养初级卫生人员，何鸿宾均出任教席。

1956年，顺德县人民政府卫生科收到上级下发的“中医讲义征集意见分配表”，由何鸿宾负责“金匮”纲目。

20世纪50年代，何鸿宾撰有论文《对流行性感冒治疗初步总结》《田螺白茅根合剂治疗骨节炎脚肿症》。1959年，何鸿宾获评“勒流卫生院积极分子”。积极工作的他同时还带出伍艳仙等一班高足。

20世纪60年代，个性喜静的何鸿宾工作之余还用毛笔抄录勒流卫生院中医师们的论文。飘逸的小楷体论文已成为勒流卫生系统的一笔可贵财富。

受家学渊源与北宋名相范仲淹“不为良相，便为良医” 思想的影响，何鸿宾的后代多从医或为医学院校科班出身。其女何汉华退休前曾在勒流卫生院中药房、妇产科工作；孙女何家誉在勒流医院任西医师，退休后仍被单位返聘多年。

1973年，何鸿宾的儿子、年仅16岁的何志锵到勒流卫生院中药房当配药工。尽管来自中医世家，中药房对志锵来说还是一个全新的世界。面对琳琅满目的各式药材，目不暇接的他意识到，中药学博大精深、典籍浩如烟海，单是明朝李时珍著的《本草纲目》收录的药物就有1892种、药方10000余个。要熟练掌握不同药物的产地、形态、性味、功效、炮制、方剂配伍等专业知识，绝不可能一蹴而就，法则只有“勤奋”二字可循。从此，“勤奋”二字便成为何志锵学习和工作的座右铭。

在中药房工作5年，精通配药工作流程后，何志锵被抽调参加勒流地区血吸虫病、肝吸虫病普查工作。凭着勤奋的精神，何志锵和同事们的足迹踏遍每个生产大队。勒流大地也留下了他们的身影，最终宣告普查工作圆满结束。

1977年，何志锵到顺德县卫生学校中医班脱产进修两年。说是两年制，除去半年实习期，正式的学习时间只有一年半。那可说得上是“地狱式”的培训。因中医班施行的是中西医结合教学方法，在短短一年半间里，何志锵和同学们要学习中西医基本理论、病因、诊断、临床、内经、伤寒、针灸、方剂、心血管、解剖等10多门课程。有时，他们一个星期内要参加两三次考试。用何志锵的话说：“学习期间不知脱了几层皮，也无数次希望能将一天拉长到48小时来用。” 靠着勤奋和“拼命三郎”精神，何志锵终于顺利以优异成绩毕业。

从中医班毕业后，何志锵回到勒流卫生院住院部工作10余年，后被调往门诊部工作。

1984—1987年，何志锵与叶春华中医师一道主持勒流卫生院中医培训班的教学工作。从制定教学计划、编制教材、聘请院外教师、亲自授课、设计考试题目到主持考试，他们均负责到底。他们还坚持每天上午查房、下午授课、晚上备课。他们勤奋出色的培训工作，使得勒流卫生院一批中医人才脱颖而出。

1987年，何志锵到广州中医学院中医临床理论进修班进修一年并实习急诊，进修结业后，回到勒流卫生院出任中医科主任一职。

20世纪90年代初的“下海”潮中，几位与何志锵意气相投的同事相继离开勒流卫生院。同事的离开也拨动了何志锵内心深处那根弦。旋即，他也“下海”。“下海”后的何志锵并未经商，也没有开办实业，而是沿袭父祖辈之路开办中医馆继续悬壶济世。他的女儿毕业于广东药科大学；儿子何家鼎从广东医科大学本科毕业后考取暨南大学的研究生，研究心血管病防治。何志锵和他的后代正继续演绎着中医世家传承的故事，在大医精诚之路上踏歌前行。

二、何劲和：自任社区大学校长　探索基层经营模式

2015年，何劲和在黄连的雪圃学校旧址成立社区大学。雪圃学校是一所20世纪40年代建成的本地贵族学校，由黄连籍军官何隆章所建，“雪圃”为何隆章的字。古朴的建筑与雅致的装饰，为社区大学增添了浓郁的书香意蕴。

（一）增加文化认同感　搭建个人社区桥梁

何劲和在党校工作时期几乎走遍顺德所有乡村。他深感基层乡村最缺的是村民对自身角色的准确认识与对自己生活劳作区域价值的深刻理解，更缺乏与社区形成沉浮与共的共同体的原动力。有鉴于此，他在社区大学开设的课程中都从黄连历史开始叙说。他从黄连的来龙去脉与历史典故切入，通过讲座、对话、探讨等形式，让乡民了解到家乡的历史、人文、轶事、名人，不断增强他们的文化认同感，树立他们作为黄连人的自豪感。他通过各种满足民众需求的课程，引导社区民众认识这个学校的作用与意义。从此，很多个月夜，人们在好奇、试探中走进清凉的社区大学，在静听与凝视中听何校长娓娓道来，在微笑与掌声中表达着他们的敬佩、欣赏与认同。人们开始中断追看电视剧，暂停打麻将，早早来到社区大学，只为感受那熟悉的氛围。有趣的课程、自由的方式、亲民的风格、充满启发的提点，改变着他们的生活习惯与思维模式，也让他们感知学习的重要性与思考的必要性。如今夜间，鸡鸭巷深处明亮的灯光仍吸引着人们来到这个最愿意逗留的文化空间。居民们开始认识到这所学校属于他们，也属于这个社区。正是社区为他们搭建了如此一所改变他们人生的学校，渐渐将每个居民与社区管理的关系顺利接通。

（二）设立社区议事大厅　增强居民主人公感

何劲和在教学的同时于社区大学设立“社区议事厅”，通过微信公布大家关注的社区热点，居民自愿参加讨论。人们严格按照“社区议事

坚持在社区大学授课，将上级精神有效传递到基层

厅”的规则：每人发言不超过两分钟，发言时他人不可以打断，不准出现辱骂性语言等。大家在平和与客观的讨论中渐渐将智慧与意见融入社区的管理中，更在专心倾听与理性表述中不断吸取他人的见解与梳理自身的思路。日久天长，人们渐渐获得公共场所自如表述与参与公共事务的能力。尤其是不少居民的意见成为社区的措施与政策后，他们强烈感受到自身思考的社会价值与参与公众事务的现实意义，进一步构建出彼此愈发深透的互动，居民与社区管理之间的壁垒最终渐渐打通。

（三）引导居民参与公共事务　不断确认自身社会价值

此时，居民们通过学习、认识、参与，渐渐理解社区各种政策与措施对自身生活、工作、未来的深刻影响。作为现代社区居民，他们最终意识到自身远非被动接受和执行各种政策与措施的个体，而是可以在平时的学习、观察、讨论、商议、思考中形成各种深具价值的建议去调整、完善各种措施的制定的现代居民，最终达到社区管理与自身利益的共赢。因此，他们愈发感到自身作为现代社区主人公的角色与地位。长期深入的学习与直抵核心的讨论，令社区大学成为黄连充满文化辐射力、公共咨询影响力和公众表达传播力的重要空间。人们欣悦地看到社区、个体、社会组织、企业都逐渐完整地发挥着自身独有的价值与功用，最终汇成一股澎湃而充满理性的力量，共同构成整个黄连的核心动力，渐渐形成各种力量折中协调共治的现代社区管理模式。

（四）坚持下沉社区第一线　探索社区经营新模式

经过4年的不断探索，社区大学终于摸索出一条不断下沉、最终扎根街道社区与每位居民内心，通过教育的渗透与方向的指引将居民与社区的隔阂打破、最终融为一体的现代社区经营模式。在这所不限年龄、没有门槛、不收费用的学校里，人们既可以倾听专家解读国家政策，又能讨论社区事务，还能将自己的建议上达管理层，形成“社区就是我家，公共事务众人参与，多元治理全民倾力”的现代社区经营结构。如今，居民个体愈发强烈的主人公认知度与社区意识和文化认同感，成为推动社区管理者不断前行的重要力量。此外，何劲和努力促成“黄连广绣协会”的成立，让黄连精湛的广绣手艺获得复兴。长期开办的青少年广绣培训班，正为这一传统工艺培养出源源不断的后起之秀。何劲和长期而卓有成效的探索，创造了黄连现代管理的多项成绩。2019年12月16

坚持下沉到第一线，春风化雨地传播知识、文化、思想

日，全国离退休干部先进集体和先进个人表彰大会在北京举行。顺德退休干部何劲和荣获“全国离退休干部先进个人”称号。

三、罗艳卿：电影明星　粤剧名家

罗艳卿于1929年出生，为香港第一位扮演女侠的著名电影明星。她的第一部影片是《五鼠闹东京》。主演的武侠名片有《碧血剑》《七剑下天山》等；粤剧戏曲有《大红袍》《风雨泣萍姬》《西河会妻》等；时装名片有《璇宫艳史》《十号风波》等。

四、莫梓江：出演《五朵金花》　一生投身电影

1939年，莫梓江出生于黄连。小时候，他常去看望在店铺工作的兄长。恰巧东家女儿是位小学教师，熟络后，她问莫梓江是否愿意到学校上课。一直听大人讲故事的他对学校心怀憧憬，当即就答应下来。于是，莫梓江就开始漫长而快乐的读书生涯。

一心想外出闯荡、学成归来建设家乡的莫梓江奋力学习，以期考上一所著名高等学府。机缘巧合，高考前，他从一位女同学那里得知北京电影学院招收新生，且考试形式和时间跟统考不一样。于是，抱着试一试的心态，他与其他几位同学踏上赶京赴考的征程。得益于长期的文学积累，莫梓江连过三关，最终脱颖而出，成为当年广州考区仅有的5位被录取考生之一。

当时学校要求非常严格，稍有懈怠，必遭淘汰。在北京电影学院表演系潜心研读的莫梓江日精月进，演技渐精。二年级时，他获选出演《五朵金花》中的男主角阿鹏。

《五朵金花》讲述的是白族青年阿鹏与副社长金花在大理三月街一见钟情后，彼此难忘。次年，阿鹏踏遍苍山洱海，苦觅金花，屡经误会，波澜起伏，但最终冰释一切，花好月圆。故事纯洁质朴，景色自然清新，歌声悠扬淳朴，成为20世纪50年代风行一时的影片，更成为介绍云南民俗风光的经典，后也因此引发出数十年云南观光热潮。

莫梓江以质朴自然的表演赢得全国观众的好评，更受到周恩来总理

的接见，还应邀到总理家中赴宴。几十年后，莫梓江仍记得周总理接见他的所有细节。他回忆道："当时在周总理的家里吃饭，他老人家搭着我的肩膀，很热情地叫我'小广东'，还问我对北京的印象。""周总理作为国家领导人，在自己面前完全没有半点架子，倒像是多年未见的老战友重逢一样，让人感到亲切。"

1961年毕业后，莫梓江被分配到珠江电影制片厂任演员。曾在影片《大浪淘沙》中饰演青年学生。"文化大革命"后，他陆续出演《斗鲨》《皆大欢喜》《姐妹俩》《一往情深》《省港狂龙》《香港脱险》等影片，还拍摄过《五朵金花的儿女》《我生命中的橄榄树》等电视剧。

退休后，莫梓江常为家乡黄连文化建设出谋划策，不遗余力。

五、张健仪：妙处无心　万物自春

（一）一直寻觅　从未停步

张健仪一直在寻觅。从小时候在雪白粉墙上信手涂鸦到中学时代背着大画夹好奇张望，从华南师范大学美术专业本科生到广州美术学院方楚雄教授门下的硕士生，她一直在寻觅，寻觅将最触动心灵唯美画面的精妙记录创作，寻觅不求渲染与华彩，只需将淡雅素洁的简洁笔致呈现给永恒的时间与独赏的知音，自然，还有越发理解她内心的观众。

从广州美术学院专业训练中老师的言传身教与同学的笔墨探索，张健仪顿悟到外面世界的博大精深，更激发她自我审视、调整方向，越发专注于花鸟鱼虫的精妙描画。因为，她从恩师画作中终于领悟到动物天地中人间百态淋漓尽致的折射与难以言传的长久启迪。

秦观曾有"风定小轩无落叶，青虫相对吐秋丝"的诗句，让人沉醉在两小无猜的纯净童年岁月，身外浮沉得失在两条无知秋虫互吐秋丝的反衬下分崩离析，世间难有比"纯粹"二字更明净、博大的天地。而张健仪惊喜地发现她终于找到契合内里性情与艺术观念的表达门径，画纸的精心选择更适合比文字更能传神表达的悠长余韵，于是，创作越发蓬勃难遏。其画作让人读出她与秦观微妙难述却极为相似的敏锐细腻的艺术天性与表达质感。但她丝毫没有秦观"有情芍药含春泪，无力蔷薇卧晓枝”的婉约沉郁，相反，更多的是“一枝红杏出墙来”的明快与“深巷明朝卖杏花”的清丽，叫人读出年轻画者对生命各种形态不断发现的连连惊喜与欲将物、画、自我融为一体的满腔深情。

（二）走进生活　深入心灵

艺术拨动灵魂的一刹那，美感在工笔漫长的精雕细琢中缓缓变形，甚至产生湮灭的痛感与遗憾。而张健仪以略带写意的笔法将其迅速呈现。这或许正是她越发珍重人间的良辰美景。“清景一失后难摹”，确是千古不易的艺术同感，毕竟，再回头已是“费尽心机做不成”，无数美好构思都因瞬间的迟疑付诸东流。这也逼迫她逐渐舍形取神寻求自我突破，折射出她对生命与生活更为深沉的领悟与珍爱。对生活渐入深沉的理解令其作品更加受注目。

近年，张健仪的作品《天籁与荷风（一）》入选“中华人民共和国成立65周年广东美术作品展”；作品《天籁与荷风（二）》获“翰墨齐鲁——首届全国花鸟作品展”的最高奖项——优秀奖；作品《闻说莲溪竹又绿》获“第三届泾上丹青——全国中国画作品展”入会资格。

张健仪笔下的黄连

张健仪一直喜欢居廉、居巢和齐白石，每每暗自惊讶一直久居乡村的他们对花鸟鱼虫精致入微的观察和与众不同的发现。尤其是万物生灵在天地人神间微妙深沉的依存关系与牵一发而动全身的启迪，让她读出深沉博大的艺术襟怀与充满温情的宽容淡泊的人生境界。而他们对生命深沉的理解与对生活中那些看似微不足道的长久享受，正是张健仪深深向往的生活态度与形式表达，也是她期待日后能带给观众同样感受的一方全新天地。

六、何洪：老当益壮　弘扬国术

勒流黄连曾有一位武林耋宿——老共产党员何洪，绰号“醒狮洪”。当年38岁的他鹤发童颜，银髯飘拂，身板硬朗，舞动一柄“春秋大刀”虎虎生威，活像当年叱咤沙场的老黄忠。20世纪五六十年代，“醒狮洪”以一只铁角黑脸狮子舞动珠三角武林，曾多次荣获广东省、佛山专区“春秋大刀”“左手梅花棍”“单刀”等多项金奖和奖牌。

（一）德艺双馨

何洪出身贫寒，少年时屡受族人欺侮，从小立下报仇雪耻的志愿。18岁那年，他在黄连晒地打工，拜少林嫡传弟子陈洪君（绰号“慎邦”）为师。当年清兵火烧少林寺，“慎邦”的祖师爷女尼夏翠凭一根齐眉棍打出层层包围，流落佛山以武授徒，自号“再林”，即“再复少林”之意。

何洪仅念过4个月私塾，却凭悟性和“佛争一炷香，人争一口气”的精神，学得200多套拳棒功夫。他精洪拳、佛拳，擅使一口近10斤重的“春秋大刀”，10多门长短冷门兵器的技击烂熟于心，如月牙铲、狼牙棒、宣花大斧、双刀、双锏、双锤、三折棍、流星锤、软鞭等。

何洪习武经年，德艺俱增。自从晒地式微后，他以青壮之年转去佛山钢铁厂、酒厂、溶剂厂等单位工作，业余在佛山中山公园义务教授“拳脚”，徒子、徒孙遍布海内外。授武近40年，他从不收徒弟们钱物馈赠。问其缘故，他说：“谨从师训，要紧的是弘扬武术，强身健体，不能利字当头，唯以载德行先。”何洪言行一致，从来只选择有品行之人而授之。时至今日，他桃李满天下，门徒皆艺深德高。

何洪师傅授武数十年间，上门名曰“切磋武艺”实则“踩场”者不下数十人。何洪总是以谦谦君子之风，婉言劝退。他说：“你们武艺高强，何必争个你死我活？”他家中高悬一幅自创的《十字歌》，上书：“一胆二力三功夫，四智五谋六镇静，七让八退九敬礼，十字无情仁义在。”他经常教导徒弟们：“人人上有父母，下有妻儿，所以凡事要设身处地为人着想；让人三分未必怕，再让三分又如何？”

何洪授徒先授以德，传艺的方法堪称为人师表的典范。从14岁始跟何洪习武的黄连老板何东成说：“何师傅教徒，一招一式都是耐心指导，不是手把手教，就是亲自示范，始终和颜悦色，从不发怒动粗。”新近拜在何洪门下、曾获广东省散打第八名的体育老师宋海燕也深有体会地说：“何师傅不仅武德高尚，而且记忆力惊人。常见的刀枪剑棒挥耍自如不说，就连斧、锤、鞭、戟等冷门的兵器都能成竹在胸，没半点破绽，实属难能可贵。”

（二）精武通医　赋诗画画

俗话说，学武先学医。何洪不仅跟师傅学得一身武艺，且练得医治铁打刀伤、奇难杂症的本领。

何洪退休后，赋闲在家，含饴弄孙之余也不忘奉献余热。除每星期一、三、五晚担任黄连醒狮、武术队指导和梁季彝纪念学校武术队教练顾问外，偶尔在家为病人施医赠药，从不收分文。曾有一患“骨罅疮”的老妇遍寻名医不愈，慕名找到何洪。何洪赠其几剂中草药，患者很快就康复如初。空闲时，他还爱舞文弄墨自娱自乐，通过诗画展现一个老共产党员热爱新社会、嫉恶如仇的形象。他仿杜牧的《清明》创作诗歌一首：“中华古国今非昔，清明不怕雨纷纷，路上行人莫断魂。出入有车来代步，酒店林立在身跟（前）。泥泞满道以成昨，路人断魂变逍魂。”他创作的一幅《鲁智深挥动禅杖图》，上有诗云：“怒拔戒刀斩世上佞臣逆子，奋挥禅杖勇打天下污吏贪官。”

何洪为人低调，从不以武功及荣誉炫耀。当年他所获的奖杯、奖章因给儿孙们当玩具而散失殆尽。对此，他从不记怀。2002年，中央电视台曾慕名而来采访他，他却再三婉拒，自嘲“老顽愚”一个，没什么好写。

（三）国术齐身　堪叹后继乏人

何洪耄耋之年最大的心愿，就是希望趁自己尚健在，把全身武艺传承开去。他的得意门生也是他的传人——何东成，虽年过半百，但仍遵循师嘱，一边打理生意，边出钱出力义务开门授徒，不遗余力。

洪拳是门硬桥硬马的技击，讲究马步扎实、拳拳生风，单是练扎马、打沙包，没两三年工夫别想入门。可是如今能吃苦耐劳的年轻人凤毛麟角，他们抱着“吃块豆腐想升仙”的念头来学艺，但一接触实际便纷纷转头就走。何东成和师傅何洪的愿望一样，就是要把中华洪拳及各类兵器的技艺传承下去。（资料由关耀权提供）

七、何东成：传承洪拳文化　挖掘龙虱传统

（一）从师学武不辍　乡间传授武艺

何东成，一位肩负洪拳与龙虱两个非物质文化遗产的老人，自2004年退休以来，一直免费向周边社区的孩子们传播这两项传统文化，让这些几乎要消失在历史长河里的传统文化得以传承下去。

据何东成介绍，这两项文化都离不开顺德的国家级非物质文化遗产——香云纱。他小时候，勒流黄连村的香云纱产业鼎盛，最多时有30多个作坊。因香云纱制作工艺有一道工艺为“晒”，故香云纱晾晒处称“晒地”，劳作者称“晒地工”。

香云纱在当时可谓软黄金，家中凡有本事的人都要从事其中。更因它价值高，运送轻便，很多坊主为保护财产，会请强壮晒地工劳作，若会拳脚更受欢迎。白天，他们制作香云纱，晚上则变身为作坊护工。

每天太阳下山后，晒地工便会把香云纱收入仓库。晚上，他们便利用作坊工具，在晒场练武。

当时，黄连有八大教头，多为洪拳师傅。孩子有兴趣者也可以跟随练习。日久天长，洪拳就从黄连传播开来。何东成的父亲当时是名晒地工，就是在那时候跟何华、何洪两师傅学洪拳。不少人半途而废，但何东成的父亲一直坚持。这种风格对儿子何东成影响深刻。

如今，何东成坚持每周六晚为孩子免费培训洪拳。虽然不少小孩渐渐中断，但他也从未勉强。他深知：强迫无用，兴趣为重。他更清楚，只要他们知道洪拳发源于黄连，一切足矣。

后来，香云纱产业逐渐没落，许多作坊关闭，晒地工外出寻找出路。何华师傅远赴广州，何洪师傅定居佛山。此时，何东成才17岁，得知佛山酱油厂离何洪师傅工作处不远，争取到在佛山酱油厂工作的机会，每天下班后就跟何洪师傅继续学武，一学就是几十年，悉心传承这一珍贵文化。直到如今洪拳成为省级非物质文化遗产，他才觉得对师傅有所交代。

几十年来，何东成的徒弟遍布各处。他的爱徒、洪拳非物质文化遗产传承人蔡景盛让洪拳走进校园，在学生中传播洪拳文化。

据何东成介绍，顺德洪拳从黄飞鸿、林世荣、邓二、何洪这一支脉传承下来，属中国传统拳术，为南派拳术代表之一，与刘、李、蔡、莫拳合称“广东五大名拳”。因此，他对洪拳成为非物质文化遗产深感欣慰。

（二）精心制作龙虱　发扬光大传统

这几年，顺德又挖掘出一个早已被人们遗忘在历史长河中的传统文化——龙虱。而这个传统文化的发扬光大也离不开何东成。

何东成退休后喜欢做些手工艺品把玩。2012年，他制作出与记忆中龙虱一样的模型，放置于黄连洪拳会馆展示柜中。徒弟们看到深感兴趣，调侃师傅说：“你做这个有什么用呀？能看又不能玩。”这让何东成突然想起小时候，龙虱是风靡黄连的游戏。于是，他制作出一个改良版的龙虱，后不断修正，直到如今可以通过脚踩控制方向。

说起龙虱，何东成很是兴奋。这东西以前是制作香云纱的工具，用来染整香云纱的水盆。因为制作香云纱需要多次清洗，所以作坊大多开在河边。

何东成记得，以前晒地工都是年轻气盛的武师，日久天长，不免发生摩擦，但又不能出手相斗，为显示高下，就用木盆在河道比赛，看谁能先到终点。这不仅考验力气，更展现平衡技能，后形成规模，变成正式的游戏比赛。此后，风气所及，陈村、伦教的晒地工都带龙虱前来参赛。

“龙虱”二字源于一坐盆中，用短木板划水，状若“虱子”的形状，但“虱”字不雅，人们在前面加上“龙”字，威武雄壮，于是流传甚广。后来，香云纱产业在黄连消失，龙虱比赛也销声匿迹。

何东成重新制作的龙虱深得徒弟喜欢。一次勒流举行龙眼点睛活动，何东成独自一人划着第二代龙虱从黄连出发，两小时后到达龙眼。在罗伞飘摇、龙舟穿梭的小河里，他一人独划龙虱飘然远来，立即引起轰动。人们深知，龙虱虽小，但掌控不易，既要体力，也要功夫。于是，龙虱渐渐在勒流传播开来，展现在人们面前。如今，它已成为佛山市非物质文化遗产。

现在，何东成老人那5岁就开始划龙虱的孙子，已能自如操控龙虱前进后退、转弯调头，自由徜徉在黄连的河涌中，延续着这一古老技艺。

八、梁建明：潜心修复古建　保护家乡文化

（一）精心修复古建　还原历史旧貌

勒流黄连澳心街上，修葺一新后活化的藩侯何公祠格外引人注目。门口两侧挂着的“顺德区古建筑保育协会”“顺德黄连古建筑展览馆”两块牌匾与黄连出色的工匠梁建明大有渊源。

梁建明的爷爷是黄连著名木匠，父亲兼擅木工和泥瓦工。由于从小耳濡目染，梁建明很早就涉足建筑行业，但内心一直有超越父祖辈而成就一番事业的心愿。

一番闯荡后，梁建明最终还是选择建筑业，还是与文物保护密切相关的古建筑行业。为此，他曾参加广东省文物保护工程业务培训班，取

得文博行业业务培训证书。“操千曲而后晓声，观千剑而后识器。”深谙其中道理的梁建明和他的古建筑施工队先后拆除或按原貌重建的祠堂达100多座。积累了丰富的古建筑修缮保护经验的梁建明团队的业务主要放在对寺庙、祠堂、牌坊、宫殿、古桥等历史文化建筑进行修缮或按原貌重建上。单是近年修缮或按原貌重建的祠庙就有羊额月池何公祠、黄龙梁氏家庙、林头梁氏大宗祠、郑氏大宗祠、双溪梁公祠、秀所梁公祠、都宁李氏大宗祠及高明区横江村区氏宗祠。经典工程当数杏坛逢简进士牌楼及周边建筑的重建。当时逢简村委会只能提供一幅20世纪50年代的牌楼旧照片，没有其他文字资料和相关数据以及参照物，因而没有几家公司愿意投标。单靠一张照片和一片遗址就要复原一座牌楼，实在不易。通过招标接下了这份重任后，梁建明和当地老人交谈，并通过遗留下来的石墩、旁边一座拱桥的步级和比例推算出牌楼当年的实际高度，又根据照片上的形状评估瓦片的片数，配上与其年代相契合的雕花。经过一年的精雕细琢，逢简进士牌楼终于在2015年重新揭幕。

藩侯何公祠如今成为展示祠堂构建的展览馆

（二）深研《营造法式》　传播古建筑文化

作为古建筑与园林规划设计者，梁建明花费大量精力研读宋朝李诫的《营造法式》。他对古建筑木结构与加固技术有独到的见解，对不同种类木材的硬度、密度、抗弯曲力了然于胸。他曾在承接龙江仁园中木材质的一座六角亭时被要求在梁上吊5吨重的物件，允许沉降5厘米。结果只沉降了1.5厘米。这样的指标就连著名建筑师梁昆浩也深为赞赏，并邀请他参与印度尼西亚雅加达中国城的业务。梁建明还全程参与了大良“双塔”中青云塔修缮方案的评估与制定。

修葺翻新藩侯何公祠后，梁建明表示，一直以来政府都很重视和支持古建筑保育工作。身为顺德区古建筑保育协会的理事，他争取协会落户藩侯祠，并顺势在祠内长期举办黄连古建筑文化保护保育实物展。参观者往往为秦砖汉瓦，精美的砖雕、木雕，珍贵的明清家具和木构件流连驻足。陈列的1000多件（套）物件只占梁建明收藏的五分之一。然而他已非常满足，拥有黄连居委会的支持，能获得这样一个让藏品集中展示的地方，更可让黄连人及旅游者增广古建筑文博知识，意义深远。他努力将展览馆打造成黄连的另一张文化名片，吸引更多外地游客来参观，借以推广文物及古建筑保育知识。

第八章 当代发展

近年，黄连从传统文化资源入手，整理历史遗存，为旅游产业奠定了扎实的基础。同时，推进各项民生建设，令民众得到经济发展后的切实好处。坚持党的领导，将各项规章制度落实到实处，让社区发展朝着社区营造、乡村振兴的道路一路前行，构成一个社会结构、产业布局、乡村建设、民生事业、文化艺术不断完善的整体格局，将古人高远的理想落实到河清花红、路洁道平、安居乐业、云淡风轻中。

第一节 生态是水乡的生命 文化是水乡的灵魂

千年水乡黄连，有着宋朝的地理痕迹、明朝的古老建筑、清朝的商业文明、近代的经济底蕴、当今的发展轨迹。细细梳理，分门别类，都可以成为黄连接续传统、继续向前的厚重基石。因此，整理挖掘传统底蕴，将其中元素与当代社区建设融为一体，成为近年来黄连古韵浓郁、水清河净、书香氤氲的重要推手，更是它传承古今、推陈出新、引人注目的起点。

南圃何公祠

一、营造休闲环境 保护传统古迹

水是黄连的灵魂，明净淡香的河水是黄连得以永续发展的命脉所在。2014年，黄连结合旧区重建规划，致力于生态水乡建设，潜心修复受污染的河涌，恢复水乡净美风貌。如今，古榕婆娑，红花映水，碧草点苍，灯笼添庆，呈现出“春来遍是桃花水，不辨仙源何处寻”的迷人环境。

乡民享受经济发展后带来的各种实惠

顺德水道段共9万平方米的滨水公园，融合亲水绿道与湿地公园，成为黄连古村活化的前奏，也乘势延伸滨水生态区启动区绿芯，构成休闲公园、单车径、亲水平台、绿道相融合的区域，成为居民生活休闲运动的重要场所。

此外，黄连不断改造社区环境，在古庙公园种植黄金风铃、细叶榄仁树，在连南大道种植樟树、火焰木，在居委会种植冬青树，于新村大道种植樟树等，“芳蹊密影成花洞”“老树春深更着花”，以树木、花卉不断营造出优美、宁静的水乡美景。

草碧木秀、道洁河清的黄连

黄连连南四小园和龙源小公园种植大批量的楷木，开辟楷木林。楷木，也被称为“黄连木”，源自孔子故里，纹细木坚、质直不屈、刚清雅正、厚德载物，而这正是黄连人民所践行并追求的品质。黄连与黄连木，两名互合，相得益彰。如今首次引种，开顺德楷木南植新风，引入“楷木”意象注入黄连千年文化，也是一种寄寓、希冀、憧憬。黄连将以“村改树标杆 文化振兴做典范 乡村振兴做示范”的自信和豪迈，凝心聚力，奋发有为，继续在城乡发展各方面争做楷模示范。

同时，黄连居委会积极保护、发掘、修复黄连古树、古庙、古桥、古祠、古闸门、古街道、古水道等传统遗存，潜心挖掘人文古迹魅力，令自然生态与人文环境融合发展。此外，不断推进南圃何公祠、藩侯祠、澳心街闸门头、周潮宗纪念图书馆、凤埗大街牌坊、澳心何氏先祠、基尾何氏祠堂等修复重建工程，令散落各处的古祠旧建筑成为令人着迷的文化亮点。

二、完善各种建设 打造社区品牌

为打造社区营造示范点品牌特色，黄连推进古村活化项目，计划重建并改造历史悠久的中、西圩市，建设商场，推动当代社区商业发展。

同时，黄连新建罗地公园、凤埗体育公园、石龟池公园、联二文化体育公园、梁福开纪念公园、金陵公园。

黄连活化雪圃学校，修缮活化藩侯祠，活化南圃何公祠，将雪圃纪念堂更新改造为画家村；改造旧中学，更新为职工服务站，

传说众多的凤埗大街

并将桂花祠修缮活化为社工服务机构及身障人士康复站。同时，重建坝咀桥，将其7米宽小桥扩充到19米，拓宽入口，解决交通问题；建设桥梁，解决黄连南连龙洲路325国道的出入口问题，更修缮澳心街闸门、微垣门巷闸门、凤埇大街闸门、忠烈流芳闸门、仁厚里闸门，重建东泰当铺、能一坊闸门、东工巷闸门、豫章门闸门及涌口桑基鱼塘水站；投资建设电网、社区变压器改造。

此外，居委会修复澳心街、双豸第、上宅街、仁厚里、钱塘巷、水埗坊、接龙大街、小街区、大中地，并建设黄连村史馆，设立乡村导视系统，形成一个亮点众多、相互呼应的社区环境，令其成为历史底蕴深厚、多种经济繁盛、社区营造扎实、民众生活丰富的现代社区。

三、恢复传统商业区域　深化水乡商贸内涵

昔日黄连圩市商品贸易繁盛，行商坐贾云集，商业网络发达。为重现提振这一古老而深具活力的水乡经济，2014年，黄连重新规划商业密集的中市至西市片区，统一建设与装饰，形成现代水乡商业重地。同时，投资600余万元，重新修正社区大道，改造危旧桥梁，彻底解决交通问题，为民众生活工作以及旅游观光提供畅通、优美的环境，也满足了黄连工业区改造后新引入产业工人群体的消费需求。现代经济元素注入后，这一古老圩市既能呈现出古老水乡风貌，也展现出现代经济活力。

清晰的指引为乡村旅游奠定基础

第二节 推动社区营造 优化居民生活

近年，黄连按照“政府引导、社区主体、社会参与、共建共享”的原则，推动综合改革，打造以基层党组织为核心、社区自治组织为基础、社会组织为补充、居民广泛参与的社区合作发展机制，构建起合作互助的幸福社区治理新模式。

一、组建营造协会 推动社区发展

为构建“叙乡情、聚人心、聚才智”的共建共享格局，社区营造协会于2015年3月30日挂牌成立。39名黄连籍企业家、社会贤达义务成为会员，分设经济、慈善、文化、海外联络等功能小组，引导、带动社区居民成为关心社区发展的共同体。

社区营造协会充分利用原生力量，对黄连历史传承、民俗保护、社区环境提出村庄规划布局等具体建议；充分发挥社会组织孵化器的重要作用，成为工会、共青团、妇联、侨联等对接机构；积极参与居委会的管理事务，形成一股由社区居民为主体的主动推动社区管理与发展的重要力量。

同时，针对社区内人口众多、结构多元化的特点，社区先后引入家庭综合服务中心、身障人士康复站、职工服务中心、妇女儿童之家、青年坊等。通过购买服务，引入社工机构进驻社区，方便居民集中享受社区便民服务。

积极向上的活动吸引着各界关注。顺德区女企业家协会在劳艳贞会长的带领下，为图书馆及儿童书阁添置价值10000元的图书，更为社区民众提供丰富的阅读资料；顺德区女子高尔夫球协会为黄连的身障人士康复服务站捐赠价值6万元的康复器材，帮助社区患者开展治疗项目。

各类亲子活动不仅传承黄连美食传统，更推动社区和谐发展（黄连居委会供图）

与此同时，黄连居委会将引导工会、共青团、妇联进驻综合服务中心办公，实现转型发展与职能社工化，引导他们深度参与社会活动，孵化、培育和带动各类社会组织发展，形成政府、居委会和社会组织三者相互交融又分工合作的多元服务机制，达到高效低耗、协同共治、影响广远的目的。

二、购买社会服务　开展多样活动

为更有效地实现社会效益，黄连采取购买服务、资助扶持等形式，引导各类协会投身满足群众多元需求的活动或组织。如今，一批协会蓬勃发展，如社区营造协会、曲艺协会、篮球协会、乒乓球协会、太极健身协会、妇女儿童之家、象棋协会、盆景协会、集邮协会、灯谜协会、摄影协会、洪拳武术醒狮协会、书法协会、广绣协会、美食协会等，成为社区文体活动的主力。

一年一度的社区男子篮球赛已举办了10届，每届赛事长达半个月，往往观者如潮、万人空巷。明智建筑公司、骏达电器的倾力赞助，令篮球活动开展得更加广泛、活跃，深入民心。篮球赛结束后，篮球训练班继续推进，人们艰苦训练、一丝不苟，默默延续着当年余家园、余文生

每年8月，社区都在仓沮圣庙举行开笔礼（黄连居委会供图）

先生的精神血脉与深沉寄托。

由社区营造协会主办的仓沮圣庙开笔礼仪式已举行6届。每年8月底，一批学童都迎来“开笔礼”这一人生的重要时刻。正衣冠、拜仓沮圣像、接受启蒙教育、朱砂启智、击鼓鸣志、启蒙描红、真诚许愿等完整流程，令学童进入启蒙人生，将仓沮圣庙活化为黄连开笔礼重启和崇文向善的传统精神延续重地。

三、成立社区大学　探索基层发展

2015年11月13日，黄连在雪圃学校正式成立社区大学，设立社区议事厅，为居民提供免费学习、参与社区建设献言等机会，推动社区发展。

多年来，社区大学致力于挖掘社区特色文化，凝聚社区人心，增强社区认同感。同时，开展各类课程，丰富民众生活，更开展议事活动，让党员、群众深入参与到社区建设与发展中，增强社区居民个体意识。此外，推进社区活动、运营微组织、开设微党课，将文化下沉到社区最基层，多层次丰富社区文化生活。

社区营造协会主办的规划宣讲会在黄连澳心何氏先祠后花园大榕树下，让规划建设方面的专家与近百位黄连居民一起，共同探讨未来黄连的发展规划，将政府规划与民众生活和大众意见相融合，令居民看到个人意见的价值与独立个体的意义，激发他们的社区主体意识，形成来自最基层却最澎湃的力量。

第三节 深化党建工作　推进精神文明建设

党建工作是当代社区发展的关键。黄连充分利用各种优质资源积极提升本社区的党组织建设、党员素质，优化党组织活动，以及推进社区

红灯笼、小河涌、老榕树成为当代黄连最迷人的景色

精神文明建设，开办社区大学、开放党员课程，结对帮扶等切实而有效的工作，为乡村发展探索新路径。

一、大力宣传核心价值观　传播当代精神文明

黄连充分利用丰富多样的精神文明建设学习宣传载体，通过微信公众号与居民、党员建立微信群，开设家园网，迅速及时传达各种信息，形成从上而下流畅及时的信息传递与接收消化体系。

在充分利用辖区内多个静态宣传栏的基础上建立4个大型户外电子屏幕，每天滚动播放社会主义核心价值观宣传标语、美德人物好人好事的视频和微电影等，构成全天候的信息传播网络。此外，在社区中心广场，每个月免费播放电影，形成风清气正的良好环境。

同时，建设具有法治教育特色的萧地公园、健康向上特色的凤塂体育公园、孝德文化特色的石龟祠公园，建设一个以文化长廊、主题墙体、雕塑为主体的社会核心价值观主题公园。

汇集乡村各种资源而成的滨水公园

二、成立乡村振兴促进会　打造社会管理新格局

2018年，黄连成立顺德第一个“乡村振兴促进会”，会长由社区党委书记张乃顺担任，成员包括企业主、社会贤达、海外乡亲、退休干部等，致力于乡村经济文化振兴，将党的建设贯穿于乡村振兴全过程。

目前，与社区党委党建结对的党组织共有10个，分别是顺德骏达党支部、广东顺控城投置业有限公司党支部、顺德区社会组织党委、中国农业银行顺德勒流支行党支部、顺德农商银行勒流支行党支部、勒流税务分局党支部、勒流供电所党支部、中国人民保险集团股份有限公司顺德勒流营销服务部党支部、广东顺控物业发展有限公司党支部、中国电信股份有限公司顺德勒流客户服务中心党支部。通过企业的支持、党员的参与、资源的整合，助力乡村振兴。

此外，结合中央组织部社会组织党建工作综合监测区建设，成立佛山市首个社区社会组织联合会及党支部，进一步落实加强基层党建工作，积极推动社区治理中心向基层下移，打造共建共治共享社会治理新格局。

三、定期开设党课　设立研究基地

黄连规定每月15日为主题党日，邀请专业人士开展主题教育学习，帮助社区党员不断提升理论水平。同时，每逢双月党员活动日开办微党课培训，由社区大学校长何劲和授课，开设“如何看过去的五年”“共产党员要坚定信念”“共产党员要讲政治”“新时代党员品德建设”等课程，形成系统而清晰的理论体系。

此外，顺德社区党建博士研究基地在黄连挂牌。在中道改革研究所配合下，基地共进行9个专题研究，涵盖村级工业园改造、社区党建、社区养老、社区文化、社区就业、社区教育等，聚焦社区党建，关注顺德党建引领下的乡村振兴，为乡村振兴的道路发展探索新路径。

第四节 丰富文体活动　活跃社区生活

黄连人文资源丰富，社区营造气氛浓厚，乡风民风质朴。因此，黄连以社区为主导、村民为主体、社会参与的形式，常年开展各项喜闻乐见的文体及民俗活动，推动黄连精神文明建设。

一、文化导入　引领发展

以文化导入党建引领是社区营造的关键。党建工作务实化的工作指引令社区党委成为社区营造的主导者、支持者与参与者，在社区形成从上而下的巨大合力，推动社区建设。社区内不仅有党组织，而且有联络群众的社区党代表队伍与深入基层的党员志愿队。他们将根深深扎进最基层的居民点中，形成从下而上的社区向心力。上下两股力量相融汇，构成推动社区

黄连人何湘文长期拈笔作画，笔墨清雅，深受人们喜爱

发展的巨大合力。

同时，黄连深挖文化资源，借力文化互动，打造文化品牌，令社区以丰富多样的文化活动引导人们传承文化精髓，在当代社会发展中不断前行，成为当代社区建设的品牌，使人们从活动中获得充分的文化自信。

此外，社区通过各种文化协会，如读书会等，构成千丝万缕的纵横关系，引导人们在文化体育艺术的活动中获得文化水平的提升、自治能力的提高。不断壮大的社会组织与政府和党组织构成深度互动，形成居民、社会组织、政府、党组织流畅的管理体系与源源不断的力量源泉，共同推动社区营造发展。

二、活动层出不穷　表演比赛成常态

经过多年发展，黄连群众文化活动丰富多彩，各种团体不断涌现。2017年，社区注册协会共16个，极大地活跃了社区群众的文化艺术体育生活。

多年来，元旦迎新年晚会、“美丽文明乡村”美食节、“金镬铲”厨艺争霸赛、“歌颂十九大”红歌晚会、社区男子篮球赛、盆景展、画家村画展、龙虿比赛、“我们的节日”——春节文体活动、“龙狮汇聚闹元宵”欣赏晚会、“三八”妇女节厨艺大比拼、“五四”青年节活

企业大力支持社区各类活动（黄连居委会供图）

动、五月端午游龙活动、建党节暨广东省扶贫济困日等活动，令人目不暇接。群众活动成为社区常态，使民众在活动中获得自我认知与价值认同感，形成更为紧密的向心力。

三、各种活动规范管理　不断提升文艺价值

社区大学的大讲堂、国学班常年举办，开展“黄连字祖庙与汉字文化”等多场专题课程，为民众提供众多传统文化知识。同时，黄连广绣协会的广绣传承社、黄连洪拳醒狮武术协会的青少年龙虱训练班，为年轻乡人提供传承优秀技艺、弘扬传统精神的学习机会。形式多样、扎实严谨的多项举措，让社区上下同心，一鼓作气地朝着“古韵黄连、文旅小镇”文化创意美丽文明特色村庄奋力前行。

同时，不断完善“黄连画家艺术村”专业管理，更与施博广告策划有限公司签订联合运营协议，提升画家村品牌及知名度。黄连画家艺术村长年开展艺术作品展览，包括书法展、画展、艺术品展（雕刻），共1070件作品参与展览。

经过多年努力，效果渐现。据《关于第三批特色古村落活化升级考评验收结果的通报》，黄连古村落活化项目顺利通过佛山市人民政府及相关主管部门验收，以91分的总分排在全市第三。

一个风清气正、经济繁盛、环境优美、底蕴深厚、人杰地灵的黄连亮丽地呈现在世人面前。

画家村已成为艺术者潜心创作的基地

参考资料

[1] 梁礼锵，吴范夫．黄连史料．[出版者不详]，1994.
[2] 顺德市地方志办公室．顺德县志（清咸丰、民国合订本）．广州：中山大学出版社，1993.
[3] 顺德市地方志编纂委员会．顺德县志．北京：中华书局，1996.
[4] 黄连居委会编．黄连——熟悉的地方有风景（卷一）．[出版者不详]，2017.
[5] 黄连村史馆大纲．[出版者不详]，2017.
[6] 世界顺德联谊总会．港澳海外顺德邑贤录（第一集）．[出版者不详]，1998.
[7] 世界顺德联谊总会．港澳海外顺德邑贤录（第二集）．[出版者不详]，2000.
[8] 李健明．顺德经济史话．广州：广东人民出版社，2019.
[9] 李健明．中国香云纱．广州：世界图书出版广东有限公司，2012.
[10] 屈大均．广东新语．北京：中华书局，1985.
[11] 卢苇菁．矢志不嫁．南京：江苏人民出版社，2012.
[12] 周之贞．顺德县续志（民国十八年刊本）．台北：成文出版社，1996.

附　录

一、古代科举功名

从南宋至清朝，黄连走出一批考取功名或因子侄功绩而得授封赠的先贤，现列如下。

南　宋	
何蒙孙	咸淳元年（1265）进士。
冯　昶	咸淳十年（1274）进士，礼部尚书。
明　朝	
何　昌	建文元年（1399）举人，浙江宣平县令。
张能明	（县志为张能）永乐二十一年（1423）举人。
马昌明	天顺三年（1459）举人。
冯瑞明	（县志为“冯端”）成化四年（1468）举人，福建龙溪训导。
何会明	（县志为“何会”）成化十年（1474）举人，安徽池州通判。
关朝兴	成化十九年（1483）举人，湖南永兴知县。
梁国宝	弘治二年（1489）举人、次年进士，户部主事。
何　鳌	弘治十七年（1504）举人、正德三年（1508）进士，由知县、知府升至福建左参政和湖广布政使等，以子思赞赠通奉大夫都转运使。
何　宏	正德二年（1507）举人，湖北德安知府。
何　翾	嘉靖元年（1522）举人、五年（1526）进士，兵部武库主事，督教武学。
何　嵩	嘉靖二十二年（1543）举人，广西永福知县。
何思赞	嘉靖二十八年（1549）举人、次年进士，由南京户部主事升至福建转运使和太中大夫等。
何景禄	嘉靖三十七年（1558）举人。
傅敏德	嘉靖四十三年（1564）举人，教谕。
黄　卷	隆庆二年（1568）进士，云南广南知府。
傅敏功	万历元年（1573）举人。
萧建勋	万历年间岁贡，封川县训导。
何　泗	万历十三年（1585）举人，江苏淮安府同知。
何应阳	万历年间岁贡，封川县训导。
萧光渐	崇祯六年（1633）举人。
何一逵	以子何鳌、孙何思赞得赠都转运史。

（接上表）

清　朝	
阮梦日	顺治年间举人。
何　光	黄连人，新宁籍，康熙年间岁贡。
梁　彦	黄连人，连州籍，康熙年间岁贡。
梁　璐	黄连人，南海籍，康熙年间岁贡。
吴邦宪	康熙年间武举人。
张肇基	康熙年间武举人。
梁伯式	雍正五年（1727）副贡。
梁亮熙	雍正年间岁贡。
张光兰	乾隆三年（1738）举人、嘉庆四年（1799）进士，江西石城、南康等县知县。
梁　登	乾隆三年（1738）举人。
梁兆榜	乾隆十二年（1747）举人、十六年（1751）成进士，由河北盐山知县升至礼部主客司郎中，后调台湾参赞军务，卒于任职期间。
张士元	乾隆十五年（1750）举人。
梁兆楞	乾隆三十五年（1770）副贡，任职广东肇庆府教授。
关绍武	乾隆六十年（1795）副贡。
张光朝	乾隆年间岁贡。
梁寿昌	嘉庆十三年（1808）举人。
梁连茹	嘉庆十五年（1810）举人。
张圣昌	嘉庆二十四年（1819）恩贡。
梁希成	嘉庆年间举人。
梁济川	道光十九年（1839）举人。
张常吉	同治元年（1862）举人，广东海康教谕。
梁有成	同治三年（1864）举人。
张怀谦	同治十二年（1873）举人。
梁桀熙	同治十二年（1873）举人、光绪九年（1883）进士，湖南平江知县。
何炳南	同治年间举人。
何达聪	光绪十一年（1885）举人、次年进士，广东雷州府教授。
张国熙	宣统年间两广高等学堂毕业。
张朝鎏	宣统年间两广高等学堂毕业。
龚　玉	刑部司务。
梁　森	广西同知，擢升柳州府知府。

（接上表）

清朝	
龚朝俟	钟祥县知县。
龚朝伟	南陵县知县。
龚朝侃	昌化县训导。
龚朝绅	南海县训导。
梁玉淦	湖北宾阳门巡检。
梁彤炜	崇安县典史。
何立经	山东定陶县知县。

二、古代相关名词与对应细解

名　词	对应细解
礼部尚书	朝廷中管理礼仪、祭祀、餐宴、学校、科举、外事活动的大臣，明朝正二品，清朝从一品。
户部主事	负责户部的日常工作，掌管户口、财政工作。
左参政	为布政使下属官员，负责一省政务。
布政使	明朝的布政使司，主管一省行政事务。明朝设左右布政使，从二品，民间称“封疆大吏”。
太中大夫	掌论议的文官。唐、宋时从四品，元升为从三品
知　府	州府最高行政长官，即“太守”“府尹”，明清时期为正四品或从四品。
同　知	知府的副职，正五品，负责地方的盐粮、江防、防盗、海疆、水利、军籍、安抚民夷。
知　州	明清时期州相当于如今的地级市，知州为州的行政长官，明清时期为五品。
知　县	明清时期为一个县的正式长官，正七品。自命下属、选拔人才、发布政令，拥有司法、监督、赏罚、军财统御权力。
县　令	为地方官员，负责坐堂审案、征收钱粮、劝农耕作。
通　判	为府长官，负责粮运、屯田、水利、诉讼事项，对州府长官负有监督责任。
训　导	辅助知府官员管理教育事务，从七品。
都转运使	负责管理盐业的官员。
驿　丞	明清时期各州县设立驿站，驿丞负责驿站仪仗、车马、迎送。
教　授	明清时期，府设教授，州设学政，县设教谕，负责生员训导与管理。

（接上表）

名　词	对应细解
教　谕	明清县学教官，负责文庙祭祀和生员教诲。
巡　检	明清时期镇市关隘均设巡检司，负责训练兵马，巡逻防卫。
典　史	知县下属管理缉捕、监狱的属官。
贡　生	明清成绩优异的秀才入读国子监者。贡生分岁贡、恩贡、拔贡、优贡和副贡。
岁　贡	每年或两三年，府、州、县学经考试选拔入读国子监者。
恩　贡	国家遇到庆典等特殊事情时“加恩”给各省特别选送者。
拔　贡	乾隆以后，每12年选拔一次的考试，历届岁贡、科考成绩名列前茅者有资格应试并入国子监。
优　贡	地方教官举荐并参加优试被录取者。
副　贡	乡试有正副榜，从副榜录取入读国子监者。

三、革命英烈与国民革命军抗日阵亡官兵

姓　名	事　迹
何　炳	（?—1927）乡农会会员。1927年4月在黄连被敌人杀害。
何　新	（?—1927）乡农会会员。1927年4月在黄连被敌人杀害。
霍　骚	（1944—1966）中国人民解放军某部班长，中国共产党党员。1966年在中越边境执行任务时牺牲。
曾发成	（1959—1979）中国人民解放军某部班长，中国共产党党员。1979年2月在对越自卫反击战中牺牲。
张国材	（？—1937）一六〇师九五六团上尉连长，1937年12月在南京阵亡。
麦继昌	（？—1938）第六预备师二十二团机三连上等兵，1938年10月在江西阵亡。
梁　安	（？—1939）独立第九旅六二六团炮连一等兵，1939年12月在广东阵亡。

四、中华人民共和国成立后黄连历任主要干部（部分）

时　间	中华人民共和国成立后黄连历任主要干部
1953年	连溪镇 第一任镇长：何桂清

（接上表）

<table>
<tr><th>时　间</th><th colspan="2">中华人民共和国成立后黄连历任主要干部</th></tr>
<tr><td>1954—1955年</td><td colspan="2">1954年何寿南同志由中共顺德县委派到黄连当工作队队长，时间约1年。1955年潘炳忠到黄连接手工作队工作</td></tr>
<tr><td>1955年</td><td colspan="2">乡长：冯霖源</td></tr>
<tr><td>1961年</td><td colspan="2">黄连小公社
支部书记：钟欣怡　社长：廖骚珠</td></tr>
<tr><td>1969年7月—1972年7月</td><td>黄连大队
书记：冯霖源
副书记：邓辉、何彭年</td><td>黄连镇
书记：梁庆钊</td></tr>
<tr><td>1972年7月—1975年7月</td><td>黄连大队
书记：冯霖源
副书记：邓辉、龚永绍</td><td>黄连镇
书记：黄钊
副书记：梁庆钊</td></tr>
<tr><td>1975年8月</td><td colspan="2">黄连大队
书记：黄保英　副书记：冯霖源、梁汝雄、廖超伦</td></tr>
<tr><td>1977年12月26日</td><td colspan="2">黄明仔任副书记</td></tr>
<tr><td>1978年7月</td><td colspan="2">黄连大队
书记：黄保英　副书记：冯霖源、梁汝雄、黄明仔</td></tr>
<tr><td>1979年6月18日</td><td colspan="2">龚永绍任书记</td></tr>
<tr><td>1982年</td><td colspan="2">黄连镇
镇长、党支部书记：黄钊　副镇长、副书记：关庆锭</td></tr>
<tr><td>1984年</td><td colspan="2">黄连乡
书记：龚永绍　副书记：梁汝雄、冯霖源</td></tr>
<tr><td>1986年</td><td colspan="2">黄连乡
书记：梁汝雄　副书记：萧铨伦、冯霖源</td></tr>
<tr><td>1989年</td><td colspan="2">黄连管理区
书记：梁汝雄　副书记：萧铨伦</td></tr>
<tr><td>1992年</td><td colspan="2">黄连管理区
书记：梁汝雄　副书记：萧铨伦</td></tr>
<tr><td>1995年</td><td colspan="2">黄连管理区
书记：梁汝雄　副书记：萧铨伦</td></tr>
<tr><td>1998年</td><td colspan="2">黄连管理区
书记：萧铨伦　副书记：何藻华、何广能</td></tr>
</table>

（接上表）

时　间	中华人民共和国成立后黄连历任主要干部
2001年	黄连街道 书记：萧铨伦（任职至2002年4月）　副书记：何广能、萧庆祥
2002年	梁汝雄主持黄连街道工作
2004年	黄连社区 书记：梁汝雄　副书记：何广能、萧庆祥
2007年	黄连社区 书记：梁汝雄　副书记：萧庆祥、周敬文
2010年	黄连社区 书记：梁汝雄　副书记：萧庆祥、周敬文
2012年6月	张乃顺任书记
2013年	黄连社区 书记：张乃顺　副书记：萧庆祥、周敬文
2016年	黄连社区 书记：张乃顺　副书记：萧国松
2020年	黄连社区 书记：萧国松　副书记：何兆堂

五、任职科、局级或以上者芳名（部分）

何兆恒：顺德区文化广电旅游体育局原局长、顺德区人大常委。

张　旗：顺德区人大常委会原副主任。

梁雄钊：龙江镇党委书记、顺德区人大常委会副主任、顺德区总工会主席。

叶卉时：顺德区环保局、档案局局长。

何允唐：顺德区农业局局长、顺德区人大常委会副主任。

梁远勤：广东省质量技术监督局处长。

吴裕航：原顺德水利局局长。

六、黄连近年所获荣誉名录

2006年获“广东省卫生村”称号。

2008年获“广东省城市体育先进社区”称号。

2010年获“佛山市‘十好’和谐文明村居”称号。

2011年获“幸福广东、和谐家园”首届广东社区文化节“优秀文化社区”“全民健身示范社区”称号。

2012年12月获“广东省关心下一代工作先进集体”称号。

2013年9月成为顺德区农村综合改革试点。

2014年12月获“广东省培育和践行社会主义核心价值观示范点”称号。

2014—2018年荣获“勒流街道先进基层党组织”称号。

2015年12月成为“佛山市城乡十分钟文化圈建设示范村居”。

2016年4月获“佛山市五四红旗团支部（总支）标兵”称呼，7月获“广东省科普示范社区”称号，9月获“佛山市宜居社区”称号。

2016年1月获“广东省退休人员社会化管理服务示范点”称号。

2017年3月获“佛山市美丽文明村居建设首批示范村居”称号。

2017年5月获“佛山市五四红旗团支部（总支）标兵”称号。

2017年5月获“广东省儿童友好示范社区”称号。

2017年10月获“广东省家庭文明建设示范点”称号。

2017年10月成为第三批古村落活化试点。

2017年11月获“勒流街道优秀义工服务队”称号。

2017年12月获“顺德区首批社区营造示范点”称号。

2018年3月确定为“佛山市2018年‘五好’新村居、精品村居”。

2018年4月获2017—2018年度“广东省五四红旗团支部”称号。

2018年9月获“2018亚洲都市景观奖颁奖礼暨银川城市节”景观大赛——美丽乡村营建优胜奖。

2019年5月获2018—2019年度“广东省五四红旗团支部标兵”称号。

2019年6月获“勒流街道‘乡建共治’联盟标准制定成员单位”称号。

2019年7月获“庆祝建党九十八周年勒流街道红歌合唱比赛”银奖。

2019年9月获勒流街道教育基金会“尊师重教先进单位纪念”称号。

2019年9月荣获由南方报业传媒集团、南方舆情数据研究院颁发的“顺德党建引领社会治理创新奖”。

2019年11月获顺德区两新党组织“先锋百强”称号。

2020年1月入围“2019年佛山市健康细胞名单”，被评为“健康村”（四星级）。

2020年获“广东省民主法治示范社区”称号。

2020年12月获“广东粤菜师傅名村”称号。

2021年被评为“省级休闲农业与乡村旅游示范镇示范点”。

七、邑人著（译、编）述存目

（南宋）梁　起：《与马元帅南宝书》（马良，字南宝）

（南宋）梁　起：《与谢叠山书》（谢枋得，字叠山）

（明）何　翺：《镇宇楼记》

（明）何　翺：《邑侯曾袁二公去思记》

（明）何　翺：《礼经札义》

（明）何　翺：《广文王公去思记》

（明）何思赞：《邑侯方公去思记》

（清）梁兆榜：《文集》（二卷）

（清）梁兆榜：《诗集》（四卷）

（清）梁兆榜：《战国策论》（二卷）

（清）梁步云（廪贡生）：《雪声堂有怀陈岩野先生》（古诗）

（民国）张佳玖：《农村经济》（译著）

（民国）龚毅伯：《连溪竹枝词十首》；另有古诗若干首

翁建才：《抽水站设计规范》（主编）（1985年）；《高扬程电力提灌勘测设计的几个问题》等技术论文3篇（20世纪80年代初）

梁礼锵、吴范夫：《黄连史料》（主编）（1994年）

梁景裕：《顺德文艺》（执行主编）（季刊，1998—2012年）

梁伟材、麦佩兰：《广东顺德黄连北头梁氏族谱》（主编）（2000年）

何兆恒：《岭南名园数清晖》（主编）（广东旅游出版社2000年）

梁景裕：《顺德新诗选》（合编）（远方出版社2000年）

梁景裕：《用青春托起的土地》（合编著）（人民出版社2005年）

梁景裕：《顺德文学六十年》（合编）（华艺出版社2009年）

梁景裕：《名镇勒流》（广东人民出版社2009年）

梁景裕：《奋进的足迹——新中国成立后顺德发展纪事》（合编著）（2011年）

梁景裕：《顺德清晖园》（合编著）（华南理工大学出版社2011年）

梁景裕：《顺德作家作品集》（合编）（江苏文艺出版社2012年）

关耀权：《断裂》（江苏文艺出版社2012年）

何兆明：《顺德碑刻集》（主编）（广东人民出版社2012年）

梁景裕：《顺德区文化馆馆史》（执行主编）（2014年）

梁景裕：《龙江读本——风俗物产篇》（花城出版社2014年）

梁景裕：《顺德庙会》（合编著）（广东人民出版社2016年）

何兆明：《顺德区非物质文化遗产名录汇编》（主编）（广东人民出版社2016年）

叶卉时：《顺德风情》（主编）（南方日报出版社2016年）

张乃顺：《黄连——熟悉的地方有风景》（卷一）（主编）（2017年）

张乃顺、梁景裕：《古韵黄连》（歌词）（2017年）

后 记

黄连自古繁华地，笔者虽行走多年，略具心得，但要下笔撰写一本书，仍觉得压力颇大。幸得时任黄连社区党委书记张乃顺的坚持与鼓励，令笔者重新打量这片昔日的商贸重镇、今天的现代社区，翻阅存于乡间的大量旧时文献，梳爬钩沉，探赜索隐，渐渐梳理出一条清晰的脉络，引起笔者重新探究这片水乡的好奇。

在两年多的调研中，黄连村名的来历、忠义乡的来源、太监傅容的身世与功业、众多进士的政绩、近代名人的贡献及字祖庙捐赠企业的来龙去脉，都成为这片水乡最引人注目的故事。近年黄连全方位的稳健发展，更呈现出经济繁盛下乡人对生活与未来的理性思考和科学规划，让人们重新理解它在千年间郁勃壮茂而充满生机的文化支撑与精神指引。

张乃顺书记对每一稿都仔细审读，字斟句酌，并提供大量修订意见和资料，令本书更臻完备，其为历史负责的态度令人敬佩。现任黄连社区党委书记萧国松审读书稿大样、清样，令书稿更精准无误。

在整个撰写过程中，伍桂楚女士在人物采访、资料提供、信息传递、校对修订、出版印刷等方面事无巨细，无不亲力亲为，细致扎实，为整个项目的顺利推进默默奉献。在此，特表谢意。

在笔者撰写本书的过程中，梁景裕先生采访了一批黄连企业，为本书增添了当代企业家的创业历史与对家乡的贡献。这些资料随着时间的推移，必将更显其独有价值。同时，他反复校对文稿，修正了许多错谬之处，尽心尽力，令人敬佩。

王艳美、龙吟啸、黄浩贤分别采访了刘绍华、黄连广绣协会、甄添记、何东成、莫梓江等，为本书增加了不可或缺的内容，在此特表谢意。

梁銶琚图书馆的梁舒扬小姐提供了大批专业论文，令本书叙述更严谨，在此特致谢意。

此外，本书参考了黄连村史馆的展览资料，关耀权先生关于野仙的传说和其昌码头、余家园革命历史的故事，卢耀忠先生关于黄连风炉和黄连纸箱厂的记载，叶卉时先生关于中华人民共和国成立初期黄连工商业的珍贵档案，何熤先生关于文化先导的社区营造文章。有关梁建中先生的资料则参考张乃顺书记提供的1995年顺德市勒流镇特种水产养殖场《全国劳动模范和现今工作者简要事迹》。在此特致谢忱。

骆世明先生的资料根据百度整理而成，特此说明。

一个村庄千年的历史积淀，丰厚多样，即使我们穷尽一生精力也十难得一。因此，每每下笔，不免忐忑，深知挂一漏万。谨望各位读者如发现谬误，及时告知，以便尽快修改，令本书成为一本不断完善的乡村文化读本，也可视为述而畅论的乡村史志。

感谢！

李健明

2021年11月18日